ZEN

Stephan Schuhmacher

ZEN

Die unlehrbare Lehre

Kösel

Dieses Buch erschien zuerst 2001 im Diederichs Verlag, Kreuzlingen / München, unter dem Titel *Zen*. Die hier vorliegende Ausgabe wurde vollständig überarbeitet und erweitert.

Der Kösel-Verlag weist ausdrücklich darauf hin, dass im Text enthaltene externe Links vom Verlag nur bis zum Zeitpunkt der Buchveröffentlichung eingesehen werden konnten. Auf spätere Veränderungen hat der Verlag keinerlei Einfluss. Eine Haftung des Verlags für externe Links ist stets ausgeschlossen.

Verlagsgruppe Random House FSC® N001967
Das für dieses Buch verwendete FSC®-zertifizierte Papier
EOS liefert Salzer Papier, St. Pölten, Österreich.

Copyright © 2015 Kösel-Verlag, München,
in der Verlagsgruppe Random House GmbH
Umschlag: Weiss Werkstatt, München
Umschlagfond: © shutterstock / Adisak Kata
Umschlagmotiv: »Katsu« von Nantembō Tōjū,
Museum für Ostasiatische Kunst, Berlin / bph / Jürgen Liepe
Bildredaktion: Annette Meyer
Gestaltung und Satz: Lisa Jüngst, München
Druck und Bindung: Pustet, Regensburg
Printed in Germany
ISBN 978-3-466-34616-5

www.koesel.de

»Hotei zeigt auf den Mond«, von Fūgai Ekun, Japan 1568–1654. Ein beliebtes Thema der Zen-Malerei ist der Glücksgott Hotei mit seinem Sack voller Gaben, der auf den Mond weist. Alles, was sich in Schriften über den Mond, die »Wahre Wirklichkeit«, sagen lässt, ist nach Auffassung des Zen nur ein Finger, der auf den Mond weist, und nicht der Mond selbst.
(Murray Smith Sammlung)

Inhalt

Widmung und Danksagung   11

**Vorspiel
oder: Zen, eine Frage
von Leben und Tod**   13

**1 Die Freiheit der Verlierer
oder: Buddhas Erleuchtung
und die Wurzeln des Zen in Indien**   21
Die Suche   23
Das Finden   26

**2 Der Schatz der alten Meister
oder: Was ist es, das im Zen
überliefert wird?**   33
Die Zen-Lehre des Erwachten   35
Das Problem der »Überlieferung«   40

**3 Warum Bodhidharma
aus dem Westen kam
oder: Wie das Zen von Indien
nach China gelangte**   45
Eine Religion ohne Heiligkeit   50
Das Lehren ohne Worte   54

4 Buddha und Zhuangzi gehen auf den Markt
oder: Das Zen als Spross der Verbindung von Buddhismus und Daoismus — 59
Die frühen chinesischen Patriarchen — 63
Vom Dhyāna-Buddhismus zum Zen — 67
Der unverwechselbare Geschmack des Zen — 70
Zen in der Kunst des Witze-Erzählens — 75

5 Der Barbar aus dem Süden
oder: Der Familienstreit um das Erbe des Zen — 79
Die Erleuchtung eines Analphabeten — 80
Vater und Sohn singen mit einem Mund — 86
Der Spiegel, der sich nicht sauber wischen lässt — 89
Das Erbe, um das man nicht streiten kann — 101
Der Kern der Lehre des Sechsten Patriarchen — 104

6 Stock und Schrei
oder: Wie lässt sich das Unlehrbare lehren? — 107
Huineng als Vater des Chan — 108
Die Schocktherapie des Patriarchen Ma — 110
Die unerhörten Methoden der klassischen Chan-Meister — 118
Auslöser für die Erleuchtungserfahrung — 123
Die Gefahr des Missbrauchs ungewöhnlicher Methoden — 128

7 Mit vollem Munde spricht man nicht! oder: Vom Zen der Giganten zur Schulung auf dem Pfad der Erleuchtung   135

Das Zen der Individualisten   138
Die Schulungs-Tricks der Chan-Meister   146
Nicht Bildersturm, nicht Showeffekt   154

8 Die Schranke der Patriarchen oder: Kōan-Praxis und der Sprung in den Abgrund des Nichtwissens   159

Das erbarmungslose Erbarmen der Meister   162
Von der dunklen Nacht der Seele zum hellen Licht des Begreifens   171

Nachspiel oder: Zen im Westen   175

Der Abfall von der lebendigen Erfahrung   176
Die beiden Seiten der Medaille des Zen   178
Zen und das dualistische Bewusstsein des Westens   182
Die Radikalität des Zen   192

Anhang   199

Quellentexte und zitierte Literatur   199
Kontaktadressen   204
Bildnachweis   206

Widmung und Danksagung

Dieses Buch ist meiner 1990 verstorbenen Zen-Meisterin Kōun-an Chikō Daishi (mit bürgerlichem Namen Brigitte D'Ortschy), der Dharma-Erbin von Yasutani Hakuun Rōshi und Yamada Kōun Rōshi, gewidmet. Mir wurde das unschätzbare Geschenk zuteil, ihr nicht nur gute 15 Jahre ein schlechter Schüler, sondern auch für zwei Jahrzehnte ein guter Freund sein zu dürfen. In dieser Zeit haben ihr Vorbild, ihr Denken und Handeln mein eigenes Denken und Trachten zutiefst geprägt. Vieles, was ich von ihr gehört und gelernt habe, ist mir derart in Fleisch und Blut übergegangen, dass ihre Worte bis in einzelne Formulierungen hinein zu meinen eigenen geworden sind. Nach ihrem Abschied hat sich über ihre »Lehre« hinaus die unmittelbare Übertragung von Herz-Geist zu Herz-Geist als ihr größtes Geschenk erwiesen.

So spiele ich in diesem Buch auf meine dilettantische Weise ein Lied, das ich bei ihr gehört habe – und improvisiere wie ein Jazzmusiker in einer Jam-Session in Antwort auf ihre Melodielinien darüber. Meine ganz eigene

Melodie gäbe es also nicht ohne die ihre, und sie verdankt sich in diesem Sinne ganz und gar ihrem Spiel. Brigitte Kōun-an Chikō, die mir die Musik des Zen vor-gespielt hat, gilt mein tiefster Dank – und er ist größer als ein Dank für dieses oder jenes, das ich hier benennen könnte.

Herzlicher Dank gilt auch Yasutani Hakuun Rōshi und Yamada Kōun Rōshi. Sie haben während meiner Jahre in Japan die Grundlage für das gelegt, was in der Folge durch die Schulung bei Kōun-an Chikō Rōshi vertieft werden durfte.

Stephan Schuhmacher,
im Frühjahr 2015 in der Klause der Weißen Wolken
bei Le Montat in Südfrankreich

Vorspiel oder: Zen, eine Frage von Leben und Tod

> **Die Frage von Leben und Tod ist bedeutsam, drum karge mit der Zeit! ...**
> *Beginn einer Erinnerung an das Wesentliche, die in einem Zen-Kloster vor dem Schlafengehen rezitiert wird.*

Dieses kleine Buch ist eine Darstellung des Chan oder Zen aus der Perspektive des Zen.* Es ist kein Versuch, lediglich eine im akademischen Sinne historisch korrekte Einordnung von Fakten und Ereignissen zu geben, die sich in ferner Vergangenheit zugetragen haben. Denn ein histori-

---

* Das in China entstandene Chan ist im Westen vor allem in seiner japanischen Form und Lesart als »Zen« bekannt geworden. Wo es um diesen geistigen Schulungsweg im Allgemeinen geht, wird in diesem Buch deshalb die Schreibweise »Zen« verwendet; mit »Chan« wird ausdrücklich auf die chinesische Urform Bezug genommen.

scher Ansatz, so hilfreich er auch für das Verständnis der Entwicklung gewisser äußerer Formen sein mag, geht am Wesentlichen des Zen vorbei – und es gehört nun einmal zum Wesenskern des Zen, möglichst direkt auf das Wesentliche zuzusteuern.

Wenn Menschen sich mit einem Weg geistiger Schulung wie dem Zen auseinandersetzen, dann im Allgemeinen, weil sie sich davon Antworten auf die tiefsten existenziellen Fragen des Menschen erhoffen: Wer bin ich? Was sind Leben und Tod? Was ist der Sinn des Lebens? Und wenn jemand gar bereit ist, sich über Jahre, vielleicht Jahrzehnte einer geistigen Schulung zu unterwerfen, die so ungemein anspruchsvoll ist wie die des Zen – sie verlangt nämlich, wie wir sehen werden, *alles*, was ein Mensch zu geben vermag, und noch ein bisschen mehr –, dann wohl nur, weil er oder sie sich davon nicht nur eine intellektuelle Antwort erhofft.

Es geht um eine Lösung, etwas, das die tiefen existenziellen Ängste und Nöte auflöst, die sich mit der Frage von Leben und Tod und der nach dem Sinn *meines konkreten Lebens* (nicht eines philosophischen Abstraktums) verbinden. Es geht um die Lösung der Knoten in Herz und Geist, jenes chronischen Krampfes, der uns daran hindert, frei durchzuatmen, uns dem Leben in allen seinen freudigen und leidvollen Facetten rückhaltlos zu überantworten und so mit dem Leben wie mit dem Tod in Frieden zu sein.

Soll die Auseinandersetzung mit dem Zen für einen Menschen unserer modernen westlichen Welt also mehr sein als nur ein intellektueller Zeitvertreib, dann kann es nicht primär darum gehen, unter welchen historischen, sozialen, kulturellen Bedingungen irgendein asiatischer Erleuchteter vor soundso vielen Jahrhunderten in Indien, China, Korea oder Japan dieses und jenes gesagt und getan hat. Wer glaubt, in der Verfolgung solcher Fragen zum Kern des Zen vorstoßen zu können, dem könnte es gehen wie dem von einem vergifteten Pfeil getroffenen Krieger in einem berühmten Gleichnis des Buddha: Bevor er zulässt, dass ein Arzt das Projektil aus der Wunde entfernt, verlangt er zu wissen, wer den Pfeil abgeschossen hat, wie alt der Schütze ist, welchem Stand er angehört und so weiter. Und so stirbt er denn an der Wunde, noch bevor ihm geholfen werden kann.

Doch wir alle tragen einen tödlichen Pfeil im Fleisch, den des Nichtwissens um unsere wesentliche Unsterblichkeit (und Ungeborenheit). Gestatten wir großen Ärzten wie etwa dem Buddha oder den Meistern des Zen nicht, uns beizustehen, dann kann es nicht nur sein, dass wir sterben, bevor wir die Frage von Leben und Tod gelöst haben, sondern dass wir sterben, bevor wir jemals wirklich *gelebt* haben. Die Frage ist also, was die Überlieferung des Zen hier und jetzt für jeden Einzelnen von uns existenziell bedeutet. Kann sie mir helfen, *meine* Lösung zu finden?

»Himmel Erde«, von Daigu Ryōkan, Japan 1757–1831. In dieser stark kursivierten Kalligraphie der Schriftzeichen für »Himmel« (= die absolute Wirklichkeit) und »Erde« (= die relative Wirklichkeit der Welt der Erscheinungen) vereinen sich totale Freiheit des Ausdrucks, die Reduktion auf das Wesentliche und eine naive und zugleich verfeinerte Schlichtheit. Diese Eigenschaften charakterisieren das Chan / Zen im Allgemeinen sowie das Leben und Werk des Zen-Mönchs, Dichters und Kalligraphen Daigu (= »Großer Narr«, so nannte er sich selbst) Ryōkan, der aufgrund seines schlichten Charakters, seiner Liebe zu Kindern und zu den »einfachen Dingen« des Lebens zu den populärsten Gestalten des japanischen Zen gehört.

(Sammlung Akiyama Jun'ichi, Fujiwara)

Das kann sie nur, wenn sie mehr ist als Geschichte, wenn hier eine Wahrheit übermittelt wird, die unabhängig ist von historischen Umständen. Und tatsächlich ist das, was hier tradiert wird, eine Wahrheit anderer Ordnung als die historische Wahrheit der Gelehrten. So spielt es etwa für den Wahrheitsgehalt des *Daodejing* von Laozi keine Rolle, ob es in der historischen Realität einen bestimmten, Laozi (der »Alte Meister«) genannten Autor dieses Werkes gegeben hat oder nicht. Laozi lebt, und seine Legende ist ganz wirklich, weil er wirkt, weil er über Jahrtausende Menschen bei der Suche nach ihrer eigenen Lösung inspiriert hat.

Genauso erzählt die Überlieferung des Zen, wie sie hier in einigen kurzen Schlaglichtern beleuchtet wird, nicht Geschichten, um Geschichte zu schreiben, sondern um auf uns einzuwirken und in *diesem* Augenblick etwas in uns auszulösen. Über viele Jahrhunderte haben die Meister des Zen dieses Erzählen von Geschichten als ein »geschicktes Mittel« entwickelt und gehandhabt, als eine Methode, uns mit der Nase auf das zu stoßen, was stets vor unserer Nase liegt und was wir dennoch nicht sehen. Und deshalb sollen diese Geschichten hier so erzählt werden, wie die Zen-Tradition selbst sie erzählt – ohne das professionell zweifelnde »soll gewesen sein« und »hat angeblich« der Gelehrten.

Die Geschichten, die uns die Meister des Zen erzählen, liefern keine Antworten auf »Sinnfragen«, sie enthalten keine Patentrezepte zum Erlangen von »Friede, Freude, Eierkuchen«. Sie lehren uns keine Moral, sie belehren uns nicht über Stufen der meditativen Versenkung und andere Details einer Technologie der Erleuchtung. Sie machen es uns nicht so leicht, getrost nach Hause zu tragen (und dort auf einem Bücherbord verstauben zu lassen), was wir schwarz auf weiß besitzen. Sie werfen uns vielmehr einen für den kategorisierenden Intellekt, für das diskursive Denken, für unseren in vieler Hinsicht so hilfreichen und in existenziellen Fragen doch so hilflosen Verstand unverdaulichen Brocken hin und sagen: »Friss oder stirb!« ... oder vielmehr: »Friss *und* stirb!«

Sie fordern uns heraus, den Großen Tod zu sterben, um die Große Geburt zu erleben und für uns selbst, in eigener unmittelbarer Erfahrung, herauszufinden, was der Buddha unter dem Bodhi-Baum erfuhr, warum Bodhidharma aus dem Westen kam, wie man von der Spitze einer hundert Fuß hohen Stange aus weitergeht, ob tatsächlich jeder Tag ein guter Tag sein kann und was der Ton des Klatschens einer Hand ist.

Mit einer Reuse fängt man Fische; hast du
den Fisch gefangen, kannst du die Reuse
vergessen. Eine Schlinge braucht man zum
Fangen von Kaninchen; ist das Kaninchen
gefangen, kannst du die Schlinge vergessen. Mit Wörtern fängt man Ideen ein; hast
du die Idee einmal begriffen, kannst du die
Wörter vergessen.

Wo finde ich nur einen Menschen, der die
Wörter zu vergessen weiß, sodass ich einige
Worte mit ihm wechseln könnte?

*Zhuangzi, neben Laozi der zweite große Daoist
und chinesische Urahn des Chan, im* Zhuangzi
XXVI.13

1

Die Freiheit der Verlierer oder: Buddhas Erleuchtung und die Wurzeln des Zen in Indien

> Freedom's just another word
> for nothing left to lose.
> *Janis Joplin*

Die Geschichte des Zen beginnt mit einem Verlierer – einem Typen, der es trotz bester Voraussetzungen nach allen Standards unserer Gesellschaft »zu nichts gebracht« hat.

Auch wenn die kulturellen Rahmenbedingungen seines Lebens etwas anders aussahen als die der heutigen abendländischen Welt, war seine existenzielle Situation doch mit der vieler Mitglieder der modernen Konsumgesellschaft vergleichbar. Er war als vom Schicksal begünstigter, verwöhnter Knabe in äußeren Umständen aufgewachsen, unter denen es ihm an nichts mangelte. Schon als junger Mann besaß er alles, was man so haben muss, um als einer zu gelten, der es »geschafft« hat: Er war reich, er hatte eine schöne Wohnung, er genoss die Privilegien der Macht und kannte alle sinnlichen Freuden, er hatte eine schöne junge Frau und einen gesunden Sohn … *Was* will man mehr?

Und trotzdem war dieser undankbare Mensch nicht zufrieden, lebte er nicht in Frieden. Er wurde umgetrieben von einem nagenden, den Alltag aushöhlenden Zweifel, verfolgt von dem geradezu archetypischen Schreckgespenst der Arrivierten – der nicht zum Schweigen zu bringenden Frage: »Ist *das* etwa alles?« Geld, Ansehen, Macht, Sex, Sicherheit … und dann? Und dann ist da die schmerzlich am eigenen Leib erfahrene Bestätigung der Binsenweisheit, dass alle diese Dinge nicht glücklich machen, ja nicht einmal »beruhigen«.

Wie kann man ruhig leben in der Gewissheit, dass diese Sicherheit eine Illusion, dass man Alter, Krankheit und Tod unterworfen ist und früher oder später *alles*, woran man hängt, verlieren muss – spätestens auf dem Sterbebett. Gibt es denn nicht irgendwo da draußen oder vielleicht auch im tiefsten Inneren *irgendetwas*, in dem wirkliches Glück, echter Friede zu finden ist, etwas, nach dem zu streben sich wirklich lohnt, weil es nicht verlorengehen kann, weil es weder Tod noch Geburt unterworfen ist?

Die Suche

Die Geschichte des jungen Mannes, der auszog, um dieses Etwas – die Prinzessin, die Perle, den Goldschatz der Märchen und Mythen – zu suchen, die Geschichte des Königssohns Siddhārtha, ist auch im Abendland inzwischen hinlänglich bekannt und muss hier nicht in allen Einzelheiten wiederholt werden. Er »stieg aus«, er ging als Hausloser auf die Wanderschaft, er verzichtete auf alle Sicherheiten der Welt der Arrivierten. Wirklich auf alle?

Nun war er zwar ein Landstreicher, ein gesellschaftlicher Niemand, ein Habenichts – aber er hatte doch noch das gute Gefühl, zur Elite jener wenigen zu gehören, die zu Erhabenerem bestimmt sind als die Masse der Menschen – eine innere Gewissheit, die manche Unannehmlichkeit erträglich macht. Er konnte es auch in völliger Mittellosigkeit noch zu etwas bringen: zu Wissen, zu Weisheit, zur Erleuchtung! Immerhin hatte er das Glück, in einer Gesellschaft zu leben, in der das Suchen nach der Wahrheit, das Streben nach der Überschreitung alles Weltlichen in hohem Ansehen stand. Er musste nur die richtige Lehre, die richtige Religion finden, den richtigen Guru, der ihm »die Wahrheit« offenbaren würde.

Siddhārtha Gautama (etwa 563–483 vor unserer Zeitrechnung), nordindischer Königssohn aus dem Geschlecht der Shākya. Mit 29 Jahren verließ er Frau und Kind sowie den Hof seines Vaters Suddhodana, zu dessen Nachfolger als Herrscher er bestimmt war, und zog als wandernder Asket in die »Hauslosigkeit«. Er schloss sich verschiedenen asketischen Lehrern an, ohne jedoch sein Ziel, die innere Befreiung, zu erreichen. Erst als er sich der Übung der Sitzmeditation zuwandte, erfuhr er im Alter von 35 Jahren unter dem Bodhi-Baum sitzend schließlich Erleuchtung (Sanskrit *bodhi*). Er wurde damit zum »Buddha«, d.h. zu einem »Erwachten«, und gilt als der historische Buddha unseres Zeitalters.

Also zog er von einem Wissenden, einem Guru und einem Meditations-Workshop zum nächsten. Der Markt der Heilsversprechungen und Weisheitslehren war vor 2500 Jahren in Indien zwar längst nicht so bunt und vielfältig wie der westliche spirituelle Supermarkt unserer Tage, aber er hatte doch eine Vielzahl von unterschiedlichen Lehren und Techniken anzubieten, die zum Seelenfrieden führen sollten. Siddhārtha probierte sie alle – und er schonte sich nicht dabei. Er war nicht so naiv zu glauben, man müsse nur den richtigen Jargon und die richtige Ideologie übernehmen, um zu den spirituell Arrivierten zu gehören. Er war bereit, sich wirklich »einzubringen«, ernsthaft an sich zu arbeiten.

Also studierte er nicht nur die Worte der Weisen, er erlernte auch die Durchführung komplizierter Riten, übte sich in der yogischen Beherrschung des Körpers, machte Atem- und Meditationsübungen, unterwarf sich strengster Askese und fastete beinahe bis zum physischen Tod. Er tat alles, was man von einem Wahrheitssucher verlangen kann, und wurde aufgrund seines vorbildlichen Strebens unter seinen damaligen Weggefährten als Shākyamuni, der »Schweigende Asket aus dem Hause der Shākya«, bekannt. Er machte in dieser Zeit wahrscheinlich so manche Gipfelerfahrung, erlebte – je nachdem, bei welchem Guru er gerade studierte, welche spirituellen Techniken er gerade praktizierte – schamanische Geistreisen, meditative Trancen und mystische Entrückungen. Aber den tiefen inneren unverlierbaren Frieden fand er nicht. Jeder Zustand, den er »erreichen« konnte, konnte auch wieder verlorengehen.

So fand er sich, etwa im Alter von 35 Jahren, in einer Sackgasse: Er hatte alles, was in seinen Fähigkeiten stand, versucht – und nichts erreicht. Dass »weltliche« Errungenschaften und Genüsse auf Dauer nicht befriedigend, nicht befriedend sein *können*, hatte er längst erkannt und deshalb das Streben danach aufgegeben. Doch seither hatte die Suche selbst seinem einsamen Leben als einem, der sich weder in der Gesellschaft noch in einer der etablierten Religionen heimisch fühlen konnte, einen gewissen Sinn gegeben – die Überzeugung, dass er zur Erleuchtung unterwegs war. Aber jetzt war ihm selbst das Suchen nach der erleuchtenden Wahrheit suspekt geworden.

Das Finden

Was hatte all das Suchen mit totalem Einsatz von Körper, Geist und Seele Shākyamuni schließlich gebracht? Nichts – jedenfalls keinen Frieden. War der Weg wirklich das Ziel? Konnte er sein Ziel überhaupt erreichen, solange er überzeugt war, dahin *unterwegs* zu sein? Musste er nach allem, was er bereits aufgegeben und verloren hatte, vielleicht auch diese letzte Hoffnung auf Erlösung, auf Befreiung, auf Erleuchtung noch verlieren? Niemand konnte ihm eine zufriedenstellende Antwort auf seine Fragen geben. Er selbst vermochte keine zu finden. Alles, was er physisch, emotional, intellektuell und auch intuitiv erahnend leisten konnte, hatte er gegeben. Jetzt vermochte er nichts mehr. Er war am Ende seines Lateins – und damit am Anfang des Zen.

Erleuchtung – mit diesem Ausdruck wird im Allgemeinen der Sanskrit-Begriff *bodhi* (wörtlich »Erwachen«) übersetzt; es handelt sich dabei jedoch nicht um eine Lichterfahrung, sondern um das Erwachen aus der »traumhaften«, also illusorischen Welterfahrung des »Jedermanns«. Letztere ist gekennzeichnet durch eine falsche Auffassung der Wirklichkeit, die die Vergänglichkeit und Leere, d. h. Substanzlosigkeit, der Phänomene nicht erkennt und das fälschlich als eigenständiges »Selbst« oder »Ich« erfahrene Subjekt als getrennt von den Objekten seiner Wahrnehmung erfährt.

So gab er denn das Suchen auf. Ja, vielleicht »tat« er nicht einmal das. Vielleicht geschah es einfach, weil er fix und fertig war: mit der Welt, mit sich, mit der Suche, mit allem – er *konnte* einfach nicht mehr! Also setzte er sich unter einen Baum, vollkommen versunken – also nicht mehr vorhanden als irgendjemand, der irgendetwas kann und will –, und *tat überhaupt nichts*. Später hieß es, er habe sich unter dem sogenannten Bodhi-Baum im nordindischen Bodh-Gāyā in Meditation niedergesetzt in dem festen Entschluss, nicht wieder aufzustehen, ehe er nicht die vollkommene Erleuchtung erlangt habe. Das mag sein. Aber ob nun vor oder nach dem Hinsetzen (nach einigen Quellen saß er dort nicht weniger als sechs Jahre!) – irgendwann muss er an den Punkt gelangt sein, wo alle Hoffnung und Furcht, alles Streben und Suchen, alles Wollen und Machen einfach von ihm abfielen – denn sonst hätte nicht geschehen können, was dann geschah.

Was dann geschah, beschreibt das *Denkōroku*, die »Aufzeichnung von der Weitergabe des Lichts«, mit einem lapidaren Satz:

> Beim Anblick des Morgensterns erfuhr Shākyamuni Buddha Erleuchtung und sagte: ›Ich und die Große Erde und alle Lebewesen erlangen gemeinsam Erleuchtung.‹

Nicht mehr und nicht weniger. Aus Shākyamuni, dem »Weisen« oder »schweigenden Asketen« aus dem Hause der Shākya, war Shākyamuni Buddha geworden, »Shākyamuni, der Erwachte«. Erwacht woraus? Wozu? Was hatte er erfahren? Im ersten Satz, den er nach seiner vollkommenen

»Der vom Berg herabsteigende Shākyamuni« (Detail), von Liang Kai, China 1.Hälfte 13.Jh. Dieses in der Zen-Malerei oft variierte Thema zeigt den historischen Buddha, wie er nach seiner Erleuchtung (einem einsamen Gipfel) in die Niederungen der Welt zurückkehrt, um seinen Zeitgenossen das zu demonstrieren, was im Zen der »Schatz des Auges des Wahren Dharma« genannt wird.

(Bunkachō [Amt für kulturelle Angelgenheiten], Tōkyō)

Erleuchtung äußerte – seinem ersten »Löwengebrüll« –, verrät er bereits alles, was sich verraten lässt: »Ich und die Große Erde [das gesamte Universum] und alle Lebewesen erlangen gemeinsam Erleuchtung.« Und interessanterweise sagt er »erlangen« und nicht »haben erlangt«, weil dies nicht etwas ist, das sich in der Vergangenheit ereignet hat, sondern weil es sich immer noch ereignet, eben jetzt und die ganze Zeit und jenseits der Zeit im ewigen Jetzt.

Aber natürlich glaubte ihm das niemand – so wenig wie er selbst dieser Aussage Glauben geschenkt hätte und ihr hätte Glauben schenken können, bevor ihm nicht alles Suchen abhandengekommen war. Und aus genau diesem Grund gibt es bis heute, 2500 Jahre nach Shākyamuni Buddha, einen in Indien zuerst *Dhyāna*, »Versenkung«, in China später (als lautmalerische Transkription von *Dhyāna*) *Chan-na* oder *Chan* und in Japan schließlich *Zenna* oder *Zen* genannten »Weg des Erwachens«. Es ist ein Weg geistiger Schulung, für den in Lehre und Methodik der soeben kurz umrissene Werdegang und die Verwirklichung des historischen Buddha Shākyamuni paradigmatisch sind.

Wer das Lernen praktiziert,
Der gewinnt von Tag zu Tag hinzu.
Wer sich übt auf dem Weg,
Der verliert von Tag zu Tag.
Er verliert und verliert,
Bis er anlangt beim Nichttun,
In dem nichts ungetan bleibt.

*Laozi, ein chinesischer Zeitgenosse
von Shākyamuni Buddha und einer
der Urahnen des Chan, im* Daodejing

2

Der Schatz der alten Meister oder:
Was ist es, das im Zen überliefert wird?

> Dazhu Huihai kam zu Meister Mazu. Mazu fragte ihn: »Warum kommst du hierher?«
>
> Dazhu erwiderte: »Ich komme, weil ich nach Erleuchtung suche.«
>
> Der Meister sagte: »Warum verlässt du deine Heimat, um umherzuwandern, und schätzt deinen eigenen kostbaren Schatz gering? Es gibt nichts, was ich dir geben könnte. Warum also suchst du die Erleuchtung bei mir?«
>
> Dazhu fragte: »Aber was ist denn mein eigener Schatz?«
>
> Der Meister antwortete: »Es ist eben der, der mir gerade diese Frage stellt. Er fasst alles in sich, und nichts fehlt ihm. Es ist also nicht nötig, außerhalb deiner selbst zu suchen.«
>
> *Aus dem Jingde chuandenglu, der »Aufzeichnung von der Weitergabe der Leuchte aus der Jingde-Ära«*

Hatte Shākyamuni es nun doch noch zu etwas gebracht? Immerhin war er jetzt ein »Buddha«, ein Erwachter oder Erleuchteter. Daran gab es für viele, die ihm nach seiner Großen Erfahrung unter dem Bodhi-Baum begegneten, keinen Zweifel. Dieser Mann, der plötzlich eine solch ungewöhnliche innere Ruhe und Klarheit, eine solch unerschütterliche innere Gewissheit, einen so außerordentlichen geistigen Frieden ausstrahlte, musste doch etwas »haben«, das andere nicht hatten! Bei jemandem, der etwas so offenkundig Kostbares zu besitzen schien, musste doch etwas zu holen sein!

Und so wurde Siddhārtha Gautama, der auf seiner persönlichen Suche nach dem großen Schatz von allen Gurus enttäuscht worden war, nun selbst zum Guru. Es scharten sich immer mehr Schatzsucher um ihn, Menschen, die auf der Suche nach Wissen, Weisheit, Erleuchtung waren und die – wenigstens zum Teil – bereit waren, sich ernsthaft zu engagieren. Das Strickmuster dieser Geschichte von Guru und Schüler wird sich noch unzählige Male wiederholen: Menschen, die hoffen, dass der Meister ihnen etwas überreichen könne, das sie selbst nicht zu besitzen glauben – dass er ihnen etwas abgeben möge von dem Schatz, den er selbst gefunden hat. Doch worin besteht dieser Schatz?

Die Zen-Lehre des Erwachten

Einst weilte der Buddha auf dem Berg Gridhrakūta, dem »Geiergipfel«. Dort hatten sich 80 000 Schatzsucher um ihn versammelt und warteten auf eine Darlegung seines erleuchteten Begreifens – ein Teaching, wie man heute in bestem Buddhistendeutsch sagen würde. Und wie die Teilnehmer an heutigen Meditations-Workshops hatten viele der 80 000 Jünger, Schüler und Anhänger sozusagen ihre Bleistifte gespitzt und die Rekorder ihres Gedächtnisses auf »Aufnahme« gestellt, um etwas nach Hause tragen zu können: einige weise Worte, die ihren Geist inspirieren und erheben würden (oder mit denen man in einer Diskussion – natürlich *nur* unter spirituell gesinnten Menschen – würde glänzen können); Anleitungen zu einer esoterischen Technik, die garantiert zu diesen oder jenen meditativen Zuständen führen würde – vielleicht sogar eine bisher geheime »Initiation«? ... In der »Aufzeichnung von der Weitergabe des Lichts« heißt es:

> Einst hielt der Weltgeehrte [Shākyamuni Buddha]
> eine Blume in die Höhe und zwinkerte mit den Augen.
> Kāshyapa brach in ein Lächeln aus. Der Weltgeehrte
> sagte: »Ich habe den Schatz des Auges des Wahren
> Dharma, den unaussprechlichen Geist des Nirvāna.
> Ich vertraue ihn Mahākāshyapa an.«

In verschiedenen Texten aus verschiedenen Jahrhunderten finden sich leicht unterschiedliche Versionen dieser Geschichte, die nach der Tradition des Zen von der Überlieferung des »Wahren Dharma«, der essenziellen Wahrheit des Buddhismus, an den ersten Patriarchen in der indischen Übertragungslinie des Zen berichtet. Jede dieser Versionen, die geeignet ist, uns in das Lächeln des Kāshyapa ausbrechen zu lassen, ist wahr; diese ist wegen einiger Details besonders interessant.

Dharma – vieldeutiger Sanskrit-Begriff (wörtl. »das, was trägt« oder »hält«), der im Zen vorwiegend in drei Bedeutungen verwendet wird:
1. Die »eine«, absolute, non-duale Wirklichkeit
2. Das »kosmische Gesetz«, die »Große Ordnung«, der unsere Welt unterliegt – vor allem das »Karma-Gesetz« von Ursache und Wirkung
3. Die Lehre des Buddha, der dieses »Gesetz« und die Einheit von absoluter (1.) und phänomenaler (2.) Wirklichkeit erkannt und formuliert hat

Die Lehre Buddhas wird in Asien als der Buddha-Dharma bezeichnet, d. h. die Lehre des Erwachten, die die universelle Wahrheit zum Ausdruck bringt. In diesem Sinne existiert der Dharma »ewig«, d. h. zeitlos, und der historische Buddha Shākyamuni ist nur *eine* Manifestation desselben.

Aus Kāshyapa ist Mahākāshyapa geworden, der »Große Kāshyapa«; offenbar hat sich eine grundlegende Wandlung in ihm vollzogen. Kāshyapa bricht in ein Lächeln aus; anscheinend hat er plötzlich etwas begriffen. Der Schock dieses plötzlichen Begreifens sowie die Freude darüber, die dankbare »be-geisterte« Zustimmung zu dem, was der Weltgeehrte da soeben so beredt dargelegt hat, äußern sich in diesem strahlenden, befreiten Lächeln. Und da Kāshyapa begriffen hat, kann der Buddha ihm die Aufgabe anvertrauen, das weiterzutragen, was er selbst begriffen hat.

Dieses klar sehende Begreifen, der »Schatz des Auges des Wahren Dharma«, ist nur leider – und das ist das Problem für all jene, die mit gespitztem Bleistift in der Hand heute noch auf eine erhabene Weisheit aus dem Mund des Weltgeehrten warten – ebenso unaussprechlich wie der tiefe Frieden, das Nirvāna, der damit einhergeht. Was das Wesentliche der Erfahrung des Erwachens angeht, so heißt es im Zen, sei ein Erwachter wie »ein Stummer, der einen Traum gehabt hat«. Und schließlich gibt es nicht einmal etwas – auch nichts Unaussprechliches –, das »überliefert« werden, das in Zeit und Raum von hier nach dort weitergegeben werden könnte. Der Chan-Meister Huangbo, der dieses Erwachen selbst verwirklicht hat, sagt dazu:

> Unser ursprüngliches Buddha-Wesen ist, vom Standpunkt der höchsten Wahrheit, ohne das geringste Teilchen von Gegenständlichkeit. Es ist leer, allgegenwärtig, still und rein. Es ist herrliche und geheimnisvoll friedvolle Freude – nichts anderes. Dringe tief in es ein, indem du selbst dazu erwachst. Das, was du in jedem

Augenblick vor dir hast, ist dieses Buddha-Wesen in all seiner Vollkommenheit – es gibt nichts außer ihm. Auch wenn du alle Stufen der Bodhisattva-Entwicklung, eine nach der anderen, zur Buddhaschaft hin durchschreitest – wenn du endlich in einem einzigen Augenblick die vollkommene Verwirklichung erreichst, wirst du nur das Buddha-Wesen erfahren, das alle Zeit bei dir war. Auf allen vorangegangenen Stufen wirst du ihm nichts hinzugefügt haben. Die Äonen des Wirkens und Ansammelns werden dir dann wie unwirkliche Traumhandlungen erscheinen. Darum sagte der Tathāgata [Buddha Shākyamuni]: »Durch die vollkommene unübertroffene Erleuchtung habe ich wahrlich nichts hinzugewonnen!«

Da ist also nichts, was der Buddha erlangt hätte und was er Kāshyapa hätte geben können. Da ist nur das, was ist und immer schon war und immer sein wird, und zwar so, wie es ist – eine einfache Tatsache. Und zu sehen, was ist, das ist ja nun wirklich keine große Errungenschaft ... oder vielleicht doch? Da ist eine Blume. Der Buddha zwinkert mit den Augen. Off-On. Off-On. Augenblick für Augenblick, Kalpa für Kalpa – nur dies! Eine Blume, in Weltenbrand und Neuschöpfung und jenseits von Werden und Vergehen sowie aller Zeit, in der etwas überliefert werden könnte: Nur dies! Eine Rose ist eine Rose ist eine Rose. Und dennoch gilt dieser Austausch zwischen dem historischen Buddha Shākyamuni und Mahākāshyapa als der Beginn der »Weitergabe des Lichts«, innerhalb der sich über Jahrtausende bis in unsere Zeit erstreckenden Überlieferungslinie des Zen. Was soll man davon halten?

Ein Kalpa ist in der hinduistisch-buddhistischen Kosmologie ein »Weltzeitalter«: die Zeit zwischen dem Entstehen und Vergehen eines Weltsystems, zwischen zwei »Weltenbränden«. In ununterbrochener Abfolge, ohne Anfang und ohne Ende, folgen Myriaden Weltsysteme aufeinander. Die indische Tradition gibt für die unvorstellbare Zeitdauer eines Kalpas folgendes Gleichnis: Striche ein Engel alle hundert Jahre einmal mit einem Seidentuch über ein gigantisches Gebirge aus Granit, so würde es ein Kalpa dauern, das Gebirge auf diese Weise abzuschleifen.

Das Problem der »Überlieferung«

Wenn wir den gelehrten Buddhologen glauben dürfen, ist die Überlieferungslinie des Zen, vor allem die der frühen indischen Patriarchen, zum Teil eine Fälschung, eine »Schutzbehauptung« – entsprungen dem Bemühen späterer Zen-Lehrer, ihren eigenen Anspruch auf authentische Nachfolge des Buddha durch eine im Nachhinein vom historischen Buddha über Jahrhunderte lückenlos bis hin zu ihnen selbst konstruierte Kette der »Weitergabe des Lichts« zu rechtfertigen.

Aus rein historischer Sicht dürfte das nicht einmal falsch sein. Überall, wo lebendige geistige Traditionen institutionalisiert und damit zu erstarrten religiösen Organisationen gemacht wurden, hat es kosmetische Korrekturen der historischen Wahrheit zum Zweck der Rechtfertigung eigener Positionen gegeben. Und auch eine so institutionsfeindliche Tradition wie der Chan- und Zen-Buddhismus ist im Laufe ihrer Geschichte nicht vom Übel der Institutionalisierung verschont geblieben.

Doch mit einem solch historischen Verständnis der Überlieferung im Zen gehen die gelehrten Buddhologen (und nicht nur sie) meilenweit am *Wesentlichen* des Buddhismus, der Lehre des Erwachten, sowie an der Praxis des Chan oder Zen, eines Zugangs zum Erwachen in der Nachfolge Buddhas, vorbei: der Wirklichkeit und zentralen Bedeutung des Erwachens selbst.

Wer nämlich dieses Erwachen erfährt, der kann, wie der chinesische Chan-Meister Wumen Huikai im *Wumenguan* formulierte, »Hand in Hand mit der ganzen Abstammungslinie der Zen-Meister gehen, mit ihnen Augenbraue an Augenbraue stehen. Der wird mit denselben Augen sehen wie sie, mit denselben Ohren hören wie sie.« Nicht mit den gleichen, wohlgemerkt, sondern mit denselben!

Die 28 auf Buddha Shākyamuni folgenden indischen Patriarchen der Überlieferungslinie des Zen:

1. Mahākāshyapa
2. Ānanda
3. Shānavāsin
4. Upagupta
5. Dhītika
6. Mishaka
7. Vasumitra
8. Buddhanandi
9. Buddhamitra
10. Pārshva
11. Punyayasha
12. Ānabodhi
13. Kapimala
14. Nāgārjuna
15. Kānadeva
16. Rāhulabhadra
17. Samghanandi
18. Samghayathata
19. Kumāralāta
20. Shayata
21. Vasubandhu
22. Manorata
23. Haklenayasha
24. Simhabodhi
25. Bashashita
26. Punyamitra
27. Prajñādhāra
28. Bodhidharma

Überlieferung geschieht jenseits (oder vielmehr diesseits!) von Zeit und Raum im ewigen Jetzt. Und sie reicht nicht über Tausende von Kilometern von Indien über China und Japan bis ins Abendland, sondern geschieht immer im dimensionslosen Punkt des Hier. So sind denn auch die einzelnen Patriarchen der offiziellen Traditionslinie des Zen nichts anderes als historische *Beispiele* der in allen Generationen seit dem Buddha aktualisierten Verwirklichung des ahistorischen, ewigen, das heißt zeitlosen Prinzips des Erwachens: In ihrem Erwachtsein stehen sie alle gemeinsam »Braue an Braue« und ohne Vorher und Nachher in diesem dimensionslosen Punkt des Hier und Jetzt.

Dementsprechend sagt der japanische Zen-Meister Keizan, der das *Denkōroku*, die »Aufzeichnung von der Weitergabe des Lichts«, kompiliert und die einzelnen Überlieferungsgeschichten kommentiert hat, in seiner Darlegung zum Fall der Überlieferung von Shākyamuni zu Mahākāshyapa:

> Wenn du diesen Ort erreichen kannst, dann wirst du ein Nachfolger des Kāshyapa sein, und Kāshyapa wird [den Wahren Dharma] von dir empfangen. Er ist nicht nur von den sieben Buddhas [vergangener Weltzeitalter] auf dich herabgekommen, sondern du wirst in der Lage sein, der Patriarch und Lehrmeister der sieben Buddhas zu sein. Anfanglos und endlos, Vergangenheit und Gegenwart zunichte machend, ist genau hier der Ort, an dem das Anvertrauen des Schatzes des Auges des Wahren Dharma verweilt.
>
> Denkōroku, *2. Beispiel*

Also noch einmal: Wenn der Buddha selbst nichts erreicht hatte, was konnte er dann lehren? Wenn der Wahre Dharma unaussprechlich ist und es nichts (Wesentliches) gibt, das man weitergeben könnte, was soll dann das Gerede von der Überlieferung des Zen, der »Weitergabe des Lichts«? Im *Wumenguan* (Beispiel 42) sagt Meister Wumen über die Bemühungen des Weltgeehrten, den Wahren Dharma zu lehren und weiterzugeben: »Der alte Shākya führt eine Dorfkomödie auf.« Und diese Slapstick-Komödie scheint den Bauerntölpeln von Zen-Patriarchen und -Meistern so gut gefallen zu haben, dass sie sein Spiel weitergeführt und die Dorfkomödie von der »Weitergabe des Lichts« wieder und wieder neu inszeniert haben.

Zum Glück – kann man nur sagen. Denn es ist gut, wenn wir auch heute noch etwas zu lachen haben … oder vielleicht sogar zu lächeln.

> »So ist das«, sagte der Alte Meister. »Ließe sich der Weg darbieten, dann würde ihn jedermann seinem Herrscher darbieten. Ließe sich der Weg überreichen, dann würde ihn jedermann seinen Eltern überreichen. Ließe sich der Weg übermitteln, dann würde ihn jedermann seinen Brüdern übermitteln. Ließe sich der Weg weitergeben, dann würde ihn jedermann seinen Nachfahren weitergeben.«
>
> Zhuangzi, XIV.5

3

Warum Bodhidharma aus dem Westen kam oder: Wie das Zen von Indien nach China gelangte

> Hoch, hoch erhaben über allen Gipfeln –
> Wohin ich blicke, grenzenlose Weite!
> Da sitze ich allein, von aller Welt vergessen,
> In kalter Quelle spiegelt sich einsamer Mond.
> Doch in der Quelle, das ist nicht der Mond,
> Der Mond selbst steht am schwarzen Himmel.
> Ich singe dieses Lied für euch –
> Im Lied ist allerdings kein Zen.
>
> *Hanshan, »Gedichte vom Kalten Berg«*

Etwa 1000 Jahre nach Buddha Shākyamuni und Mahākāshyapa langte ein geheimnisvoller Fremder zu Schiff in Südchina an. Er kam aus dem für Chinesen westlich gelegenen Indien, und da die Chinesen jener Tage – nicht anders als die meisten Menschen bis auf den heutigen Tag – geneigt waren, ihr eigenes Dorf für den Nabel der Welt und alles Fremde für äußerst suspekt zu halten, wurde er unter dem Spitznamen »Der Barbar aus dem Westen« bekannt.

Zahllose Zen-Gemälde aus späteren Jahrhunderten stellen ihn als imposante Gestalt mit einem dichten dunklen Bart, buschigen Augenbrauen, wulstigen Lippen, stechendem Blick, einem Ring im Ohrläppchen und einem grimmigen, beinahe Furcht einflößenden Gesichtsausdruck dar: ein Bursche, dem man nicht im Dunkeln begegnen möchte! Eher ein Pirat oder Straßenräuber als der »buddhistische Mönch«, der er vorgab zu sein. Und tatsächlich erwies er sich als Räuber – einer, der wenigstens einem Chinesen alles raubte, was der besaß, bis hin zu den für das Überleben seines Ichs grundlegendsten Vorstellungen von seinem eigenen Geist. Aber, typisch für das Zen, ausgerechnet dieser Wegelagerer namens Bodhidharma sollte als 28. Patriarch der indischen Linie des einst von Mahākāshyapa realisierten Wahren Dharma nun in China zum ersten chinesischen Patriarchen des Chan werden.

Als er in der heutigen Hafenstadt Kanton in Südchina landete, war er erst einmal nur einer unter vielen buddhistischen Mönchen aus Indien, die schon seit einigen Jahrhunderten nach China gekommen waren. Sie hatten dort seit dem 1. Jahrhundert unserer Zeitrechnung den Buddha-Dharma verbreitet, unter anderem durch die Mitarbeit an

»Bodhidharma«, von Kenkō Shōkei, Japan 15./16. Jh. Bodhidharma, der »Barbar aus dem Westen«, ist ein beliebtes Motiv der Zen-Malerei. Die indische Herkunft dieses ersten Patriarchen des Zen in China wird in diesem Tuschegemälde durch den Ohrring, den dichten dunklen Bart und die buschigen Augenbrauen symbolisiert. Einer Legende nach schnitt Bodhidharma sich die Augenlider ab, um während der Meditation nicht einzuschlafen; daher wird er meist mit großen, hervorquellenden Augen dargestellt.
(Nanzen-ji, Kyōto)

wegbereitenden Übersetzungen der heiligen Schriften des Buddhismus – vor allem der wichtigsten Sūtras des Mahāyāna, des »Großen Fahrzeugs«, wie jene Strömung der buddhistischen Lehre und Praxis genannt wird, auf der auch Bodhidharma nach China reiste. Das hatte bereits gut einhundert Jahre vor der Ankunft Bodhidharmas zu einer ersten Blüte des Buddhismus in China geführt.

Der »Barbar aus dem Westen« zeichnete sich nun, wie wir noch sehen werden, nicht gerade durch besonderen missionarischen Eifer aus und scheint sich auch sonst nicht besonders hervorgetan zu haben. Trotzdem muss er, wie einst Shākyamuni Buddha nach seinem großen Erwachen, irgendetwas ausgestrahlt haben, das die Leute auf den Gedanken kommen ließ, er könne im Besitz eines Schatzes sein. Das Gerücht sprach sich herum und kam auch dem Kaiser Wu der im Südreich regierenden Liang-Dynastie zu Ohren, und der lud Bodhidharma ein, an seinen Hof in Nanjing zu kommen: er solle dort dem Kaiser sein Verständnis der buddhistischen »Religion« darlegen – was er denn auch gründlich tat.

Mahāyāna (wörtl. »Großes Fahrzeug«) –
eine der drei großen Schulrichtungen des
Buddhismus, verbreitet vor allem in Ostasien, China, Korea und Japan; die anderen
beiden sind der vor allem in Südostasien
verbreitete Theravada, der von den Anhängern des Mahāyāna Hīnayāna (»Kleines
Fahrzeug«) genannt wird, und das
Vajrayāna (»Diamantfahrzeug«), verbreitet
vor allem in Zentralasien, Tibet und der
Mongolei.
Das Ideal des Mahāyāna ist der *Bodhisattva*
(»Erleuchtungswesen«), der gelobt, nicht ins
endgültige Nirvāna (»Verlöschen«) einzugehen, sondern im Kreislauf der Existenzen zu
verbleiben und dort zum Wohle aller fühlenden Wesen zu wirken, bis sie alle Befreiung,
d. h. Erleuchtung, erlangt haben.
Die Lehren des Mahāyāna basieren hauptsächlich auf *Sūtras* (Schriften, die direkt auf
den Buddha zurückgehen sollen), die zwischen dem 1. Jahrhundert vor unserer Zeitrechnung und dem 6. Jahrhundert n. Chr.
entstanden sind. Einige Mahāyāna-Sūtras
spielen im frühen Zen noch eine gewisse
Rolle, doch wird betont, das Zen sei letztlich
»unabhängig von heiligen Schriften«.

Eine Religion ohne Heiligkeit

Der Kaiser Wu hatte bereits einiges zur Etablierung der erhabenen Lehre des Buddha-Dharma in China beigetragen, hatte buddhistische Meister gefördert und Klöster bauen lassen. Er hatte sich sogar selbst zum Mönch ordinieren lassen und hatte einige meditative Erfahrungen gemacht. Er war also ein gestandener Buddhist und meinte nun, dass er sich mit all dem guten Karma, das er dadurch angehäuft hatte, mindestens eine gute Wiedergeburt (wenn nicht gar die Erleuchtung?) verdient habe – auf jeden Fall aber das Lob und die Anerkennung eines wandernden Mönchs aus dem Heimatland des Buddhismus. So fragte er Bodhidharma also bei ihrer ersten Begegnung: »Wir haben Klöster gebaut und Mönche bestätigt; was für ein Verdienst wird Uns dafür?«

Das war *die* Chance für Bodhidharma, es jetzt vielleicht zum Abt eines eigenen, vom Kaiser geförderten Klosters zu bringen und damit für den Rest seines Lebens ausgesorgt zu haben. Jetzt dem Kaiser etwas Honig um den Bart geschmiert, und er hätte, wenn er schon nicht an einer materiell gesicherten Lebenssituation interessiert war, sich doch vielleicht als Lehrmeister des Kaisers und damit »Lehrer der Nation« etablieren können. Welch wunderbare Gelegenheit, sich um den Buddhismus und seine Verbreitung in China verdient zu machen – denn wozu hatte er schließlich die beschwerliche Reise auf sich genommen und war aus dem Westen nach China gekommen? … Und was antwortete er dem Kaiser? Zwei knappe Wörtchen: »Kein Verdienst!«

Ja ist denn das zu fassen: offenbar wirklich ein »Barbar« – kein bisschen Höflichkeit! Dem Kaiser von China so etwas an den Kopf zu werfen – nur um bei der Wahrheit, der essenziellen Wahrheit des »Schatzes des Auges des Wahren Dharma« zu bleiben –, hätte Bodhidharma leicht den Kopf kosten können. Aber das schien ihn nicht im Geringsten zu kümmern. Vielleicht hatte dieser Barbar aus dem Westen ja doch etwas Besonderes zu bieten, etwas, das über die orthodoxe Lehre von Ursache und Wirkung, von guten Taten und dadurch erworbenen Verdiensten hinausging?

Der Kaiser schien beeindruckt – und war souverän genug, ihm eine zweite Chance zu geben. Jetzt allerdings gab er sich nicht mehr mit »Peanuts«, ein paar anerkennenden Worten oder einer Belehrung über die karmischen Konsequenzen guter Taten, zufrieden. Jetzt sollte Bodhidharma auspacken, sein Schatzhaus öffnen und ihm die Perle des Wahren Dharma überreichen. In dem Klassiker *Biyanlu*, der »Niederschrift von der Smaragdenen Felswand«, heißt es (in der Übersetzung von Wilhelm Gundert):

> Wu-Di von Liang fragte den Großmeister Bodhidharma:
> »Welches ist der höchste Sinn der Heiligen Wahrheit?«
> Bodhidharma sagte: »Offene Weite – nichts von heilig.«

Peng! Noch so eine Ohrfeige! Da sagt dieser aus dem Westen hergelaufene Mönch dem Kaiser ins Gesicht, dass alle seine Vorstellungen von der erhabenen Lehre des Buddhismus, von etwas Heiligem, das die schnöde profane Wirklichkeit übersteigt, falsch sind, dass sie an der Wahren Wirklichkeit einfach vorbeigehen – ebenso wie die Vorstellungen von einer »Heiligen Wahrheit«, deren höchsten Sinn man in Klöstern und anderen Institutionen einfach so mitteilen kann: »Also, der Höchste Sinn der Heiligen Wahrheit ist, nach Kapitel X und Y und Z dieser und jener heiligen Schriften mit den Aufzeichnungen der authentischen Worte des großen Erleuchteten Shākyamuni Buddha, Folgendes: …« – Oder hatte Bodhidharma dem Kaiser die Perle tatsächlich auf dem offenen Handteller präsentiert, und dieser verstand es nur nicht, zuzugreifen?

Dem Kaiser Wu wurde dieser Bursche langsam unheimlich. Was glaubte der wohl, wer er sei, dass er sich hier so aufführen konnte wie die Axt im Walde? Da musste er schon einiges an Autorisierung vorzuweisen haben, um damit davonzukommen – vielleicht ein Diplom einer in China bisher nicht bekannten esoterischen Schule des Buddhismus? Also fragte der Kaiser weiter: »Wer ist das Uns gegenüber?« Jetzt hätte Bodhidharma die ganze Situation zum Wohle der Verbreitung seiner »Lehre« vielleicht doch noch retten können, wenn er dem Kaiser erklärt hätte, er sei der 28. Patriarch einer Schule des Buddhismus, die für sich in Anspruch nehme, die Essenz des Buddha-Dharma, nämlich das Erwachen selbst, den Schatz des Auges des Wahren Dharma, zu bewahren und zu übermitteln. Wenn er das Wesen des Dhyāna-Buddhismus, als dessen Abgesandter er nach China gekommen war, dem Kaiser mit den Worten erklärt hätte, die ihm (wahrscheinlich) von späteren Generationen in den Mund gelegt wurden:

»Herbstlandschaft« von Huizong, China 1082–1135. In der vom Zen-Buddhismus beeinflussten Landschaftsmalerei der Song-Zeit (und ebenso in der Zen-Malerei Japans) spielt die Leere, die oft einen großen Teil der Bildfläche einnimmt, eine wesentliche Rolle. In diesem Bild, einem guten Beispiel für den sogenannten »Eineck-Stil«, lässt ein kleiner Mensch, der geradezu mit seiner Umgebung verschmilzt, den Blick in die »offene Weite« schweifen. Das Bild ruft auch im Betrachter eine Ahnung der alle Manifestation als Potenzial enthaltenden und aus dem Nichts hervortreten lassenden »letzten Wirklichkeit« der Leere (Sanskrit *shūnyatā*, chin. *kong*, jap. *kū*) hervor.

(Konchi-in, Kyōto)

> Eine besondere Überlieferung außerhalb der orthodoxen Lehre: Unabhängig von heiligen Schriften deutet sie unmittelbar auf des Menschen Herz und führt zur Schau des eigenen Wesens und zur Buddha-Werdung.

Nun, wir ahnen schon, dass der Barbar aus dem Westen sich treu bleibt und *keine* Zugeständnisse an die relative Verständnisebene des Kaisers macht. Vielmehr antwortet er diesem auf die Frage »Wer seid Ihr, mein Herr, Uns gegenüber?« wieder knapp und klar von der Ebene der absoluten Wahrheit: »Weiß nicht.«

Jetzt ist die Katze aus dem Sack: ein Ignorant! – Einer der, einsam und arm wie einst Shākyamuni Buddha, nichts mehr besaß und der durch die Erfahrung des Erwachens »wahrlich nichts hinzugewonnen« hatte, das er dem Kaiser hätte übermitteln können – schon gar nicht, solange es für diesen noch ein »Gegenüber« gab.

Das Lehren ohne Worte

Der Rest der Geschichte von Bodhidharma und Kaiser Wu ist schnell erzählt. Der Kaiser begriff nicht; wie es in der Gundert-Übersetzung des *Biyanlu* so schön heißt: »Der Kaiser konnte sich nicht in ihn finden.« Daraufhin wanderte Bodhidharma weiter nach Norden, überquerte den Strom, den Fluss der Flüsse Chinas, und ließ sich schließlich im Staate Wei in Nordchina in der Nähe des Klosters Shaolin nieder.

Shaolin-Kloster (chin. Shaolin-si, jap. Shōrin-ji), ein buddhistisches Kloster auf dem heiligen Berg Song in der heutigen Provinz Henan, gegründet 477 vom Kaiser Xiaowen. Zu Beginn des 6. Jahrhunderts lebte der indische Mönch Bodhiruchi im Shaolin-Kloster und übersetzte hier zahlreiche Sūtras ins Chinesische. Im Zen ist das Kloster vor allem als der Ort bekannt, an dem Bodhidharma neun Jahre »der Wand gegenüber« in Versenkung saß.

Der Legende nach wurde die Kampfkunst *Gongfu* (Kung-fu) von buddhistischen Mönchen im Shaolin-Kloster entwickelt – weshalb Adepten der Kampfkunst gern eine Verbindung zwischen dem Gongfu und dem Zen herstellen. Von keinem der großen chinesischen Meister des Chan wird jedoch berichtet, er habe Kampfkünste praktiziert oder gelehrt.

Dem Kaiser Wu, der Bodhidharma hatte ziehen lassen, ohne ihn einen Kopf kürzer zu machen – vielleicht, weil er ihn einfach für einen armen Irren hielt –, dämmerte erst später, dass ihm hier ein wirklicher Schatz durch die Lappen gegangen war. Er wollte einen Boten senden, um Bodhidharma zurückzuholen. Aber ein enger Berater, der offenbar ein etwas klareres Auge hatte als der Kaiser selbst, riet ihm, sich nicht noch einmal zu blamieren: »Sagen Eure Majestät es lieber niemandem, dass Sie einen Boten schicken wollten, ihn zurückzuholen! Dem könnte das ganze Land nachlaufen: er kehrte doch nicht wieder um.«

Wenn selbst die flehentliche Bitte der Suchenden des ganzen Landes den Barbar aus dem Westen nicht dazu bewegt hätten, auf ihr Niveau umzukehren und sie etwas zu »lehren« – wozu war er dann nach China gekommen? *Warum kam Bodhidharma aus dem Westen?* Diese Frage hallt seit Jahrhunderten durch die langen Gänge und Meditationshallen der Chan- und Zen-Klöster und durch den Geist der Zen-Übenden, und sie ist zu einer Herausforderung geworden, Bodhidharma in der offenen Weite zu begegnen und damit nicht aus zweiter Hand über den Wahren Dharma informiert zu werden, sondern »Braue an Braue« mit Bodhidharma zu stehen, mit seinen Augen zu sehen und mit seinen Ohren zu hören.

Und wie kommt man dazu? Vielleicht hat der Barbar aus dem Westen gerade indem er *nicht* lehrte (und schon gar nicht missionierte) einen klaren Hinweis auf das gegeben, wessen es bedarf, um ihm und allen Patriarchen – einschließlich des Buddha Shākyamuni und der sieben Buddhas der vergangenen Weltzeitalter – im dimensionslosen

Punkt der Übermittlung des Schatzes zu begegnen? Sehen wir uns an, was er tat. Er setzte sich in einer Höhle in der Nähe des Shaolin-Klosters vor die Felswand und tat nichts. Er saß da in Versunkenheit, wie einst Siddhārtha unter dem Bodhi-Baum. Sitzende Versenkung: *Dhyāna, Zuochan, Zazen.* Sonst nichts. Keine Belehrungen, keine Teachings, keine Initiationen ... Nur dies!

»Meditierender Bodhidharma«, von Konoe Nobutada, Japan 1565–1614. Die mit einem einzigen Pinselstrich ausgeführte Silhouette des ersten chinesischen Patriarchen während seiner »Neun Jahre des Wandanstarrens« im Shaolin-Kloster. Die Kalligraphie lautet: »Stille und Leere sind genug / um das Leben ohne Irrtum zu bestehen.«
(Privatsammlung)

Shākyamuni soll sechs Jahre unter dem Bodhi-Baum gesessen haben bis zu seinem großen Erwachen, durch das er »wahrlich nichts hinzugewann«; Bodhidharma »saß« im Shaolin neun Jahre »zur Wand gewandt«, *nachdem* er längst zum Erwachen gekommen war. Übt man als Nachfolger Buddhas, Mahākāshyapas und Bodhidharmas auf dem Weg des Zen also Zazen, um zur Erleuchtung zu gelangen? Und wenn man es nicht übt, um irgendetwas zu erreichen – warum dann? *Warum* ist Bodhidharma aus dem Westen gekommen?

Als er die Versammlungshalle betreten hatte, sagte Meister Huangbo: »Der Besitz vieler Arten von Kenntnissen lässt sich nicht mit dem Aufgeben der Suche nach irgendetwas vergleichen. Das ist das Beste aller Dinge. Es gibt nicht verschiedene Arten von Geist, und es gibt keine Lehre, die in Worte gefasst werden kann. Da nichts weiter zu sagen ist, ist die Versammlung geschlossen.«

Aus dem Yunzhou Huangbo Duanji chanshi yulu, »Die Aufzeichnung der Worte des Chan-Meisters Huangbo Duanji von Yunzhou«

4

Buddha und Zhuangzi gehen auf den Markt oder: Das Zen als Spross der Verbindung von Buddhismus und Daoismus

> Korf erfindet eine Art von Witzen,
> Die erst viele Stunden später wirken.
> Jeder hört sie an mit langer Weile.
> Doch als hätt ein Zunder still geglommen,
> Wird man nachts im Bette plötzlich munter,
> Selig lächelnd wie ein satter Säugling.
>
> *Christian Morgenstern*

Da saß Bodhidharma also vor der Felswand und tat nichts: keine Reklame, keine Meditations-Workshops, keine Kongresse, keine Bücher und Artikel, kein Guru-Rummel. Der chinesische Weise Zhuangzi schrieb etwa 800 Jahre, bevor Bodhidharma nach China kam:

> Der große *Weg* ist unaussprechlich, große Argumentation braucht keine Worte, große Menschlichkeit ist nicht wohltätig … Der Weg, der sich zur Schau stellen muss, ist nicht der *Weg*. Rede, die argumentieren muss, trifft die Sache nicht. Menschlichkeit, die auf etwas insistieren muss, kommt nicht zum Zuge. …
> Deshalb: Wer bei dem innezuhalten vermag, was er nicht weiß, der hat das Höchste verwirklicht. Wer kennt die Beweisführung ohne Worte und den *Weg*, den man nicht beschreiben kann? Darum zu wissen, nennt man die Schatzkammer des Himmlischen. Du magst hineingießen, doch es füllt sich niemals; du magst daraus schöpfen, doch es wird niemals leer. Und nie weißt du, woher es kommt. Dies nennt man das Innere Licht.

Wäre Bodhidharma am Hofe des Kaisers Wu von Liang nicht einem eifrigen, in der orthodoxen Lehre befangenen Buddhisten begegnet, sondern diesem alten Daoisten, der es verstand, das Kaninchen zu behalten und die Schlinge zu vergessen, dann hätte er wohl »einige Worte mit ihm wechseln« können. Zhuangzi hätte sein Nichtwissen verstanden. Er hätte ihn nicht darum bitten müssen, die Schatzkammer des Auges des Wahren Dharma zu öffnen und ihm etwas daraus als Geschenk zu überreichen. Der hätte sich einfach in der offenen, »lichten« Weite, jener unausschöpfbar vollen Leere des Inneren Lichts, zu ihm gesellt … und die beiden wären wahrscheinlich einen trinken gegangen – jedenfalls hätten sie sicher nicht darüber diskutiert, wie man alle Lebewesen nähren und die Welt retten könnte (siehe die Geschichte über die Ambitionen von »Wolkengeneral«, S. 72).

Aber auch wenn es in China schon seit Jahrhunderten eine Überlieferung des Wahren Dharma – hier nur unter dem Namen »Dao«, der *Weg*, bekannt – gegeben hatte, gab es damals wie heute nur wenige, die bereit gewesen wären, alles zu verlieren, um alles zu gewinnen. So lebten die Menschen um Bodhidharma herum denn – im Festhalten an ihrem Besitz, ihrem Wissen, ihren Gewissheiten – in tiefer Not.

Warum tat der Barbar aus dem Westen nichts, um ihre Not zu wenden? Warum wies er ihnen nicht den Weg zum Seelenheil, zur Erleuchtung? Schließlich kam er doch aus einer Tradition des Mahāyāna, des »Großen Fahrzeugs«, das sich die Errettung aller Lebewesen auf die Fahnen geschrieben hat. Werden nicht bis auf den heutigen Tag in Zen-Klöstern und -Gruppen regelmäßig die »Vier Großen Gelübde« rezitiert?

Die »Vier Großen Gelübde«, eine Kurzform
der Gelübde eines Bodhisattva, die bis heute
regelmäßig in Zen-Klöstern rezitiert wird:

Der Fühlenden Wesen sind zahllose –
ich gelobe, sie alle zu retten.
Der Leidenschaften sind unzählige –
ich gelobe, sie alle auszurotten.
Der Dharma-Tore sind mannigfache –
ich gelobe, durch alle zu gehen.
Der Buddha-Weg ist unübertrefflich –
ich gelobe, ihn zu verwirklichen.

Was tat Bodhidharma denn, um alle Fühlenden Wesen zu retten? Nun, vielleicht entsprach er einfach nur dem, was der Buddha nach seinem Erwachen gesagt hatte: »Ich und die Große Erde und alle Lebewesen erlangen gemeinsam Erleuchtung.« Vielleicht tat er ja das Notwendige, indem er untätig in Versunkenheit sitzend die Felswand anstarrte – indem er so seine Erleuchtung und damit die der Großen Erde und aller Lebewesen vertiefte, indem er auf diese Weise schweigend und doch beredt den *Weg* lehrte und für alle, die Augen hatten zu sehen, sein Buddha-Wesen, *das* Buddha-Wesen, in jedem Augenblick seines Sitzens manifestierte.

Die frühen chinesischen Patriarchen

Bodhidharmas Nichttun im Shaolin war nun allerdings kein müßiges Nichtstun; es war vielmehr jenes Nichttun, von dem Laozi sagt, dass darin »nichts ungetan bleibt«. Und so geschah denn, was geschehen musste. Ein Schatzsucher namens Huike wurde auf ihn aufmerksam … natürlich, *same procedure as* every *generation*, Akt 29 der Dorfkomödie der Überlieferung. Das »Lexikon des Zen« fasst die Geschichte kurz zusammen:

> Der Überlieferung nach kam Huike etwa in seinem vierzigsten Lebensjahr zum Shaolin-Kloster, um Bodhidharma um Unterweisung zu ersuchen. Es heißt, dass Bodhidharma ihn anfänglich nicht zur Kenntnis nahm und Huike mehrere Tage lang im Schnee vor der Höhle, in der der Erste Patriarch »der Wand gegenüber« Zazen übte, stand. Um dem indischen Meister des Buddha-Dharma die Ernsthaftigkeit seines Verlangens nach Erleuchtung zu beweisen und ihn dazu zu bewegen, ihn als Schüler anzunehmen, schnitt Huike sich den linken Arm ab und brachte ihn Bodhidharma dar, der ihn daraufhin als Schüler akzeptierte.

»Huike zeigt Bodhidharma seinen abgehackten Arm«, von Sesshū Tōyō, Japan 1420–1506. Sesshū, einer der großen Zen-Maler Japans, zeigt die Szene, in der der spätere Zweite Patriarch des Zen in China Bodhidharma seinen abgehackten Arm präsentiert, um ihn von der Ernsthaftigkeit seiner Absicht zu überzeugen und nach langer Wartezeit endlich als Schüler angenommen zu werden.

(Bunkachō [Amt für kulturelle Angelgenheiten], Tōkyō)

Da war offensichtlich jemand, der sich in solcher innerer Not befand, der unter einem solchen Leidensdruck stand, dass er bereit war, alles zu geben, um den Wahren Dharma und damit Frieden zu finden. Diesem unbändigen Willen zur Wahrheit konnte Bodhidharma sich nicht widersetzen – er willigte ein mitzuspielen. Nicht dass er versuchte, es Huike leicht zu machen und ihm die Perle zu überreichen – er wusste, dass der sie selbst würde finden müssen. Aber Huike, der mit solcher Intensität gesucht und bisher nicht gefunden hatte, war offenbar kurz davor, (sich) ganz aufzugeben, sodass es nur noch eines kleinen Anstoßes bedurfte, damit es bei ihm zu einer ersten Erleuchtungserfahrung kam. Nach dem 41. Beispiel des *Wumenguan* war es der folgende Dialog, der diesem Durchbruch vorausging und ihn auslöste:

> Bodhidharma saß mit dem Gesicht zur Wand. Der zweite Patriarch stand im Schnee, schnitt sich den Arm ab und sagte: »Der Geist Eures Schülers hat noch keinen Frieden gefunden. Er bittet Euch, Meister, schenkt seinem Geist Frieden!«
> Bodhidharma sagte: »Bring mir deinen Geist her, ich werde ihm für dich Frieden schenken.«
> Der [zweite] Patriarch sagte: »Ich habe meinen Geist gesucht, doch er ist schließlich unauffindbar.«
> Bodhidharma sagte: »Ich habe für dich deinem Geist endlich Frieden geschenkt.«

Nach sechs Jahren weiterer Schulung unter Bodhidharma vertraute dieser Huike den Schatz des Auges des Wahren Dharma an, und der wurde damit zum Zweiten Patriarchen des Zen in China.

Die »offiziellen« chinesischen Patriarchen des Zen (nach Huineng wurde das Patriarchat nicht mehr an einen einzigen Dharma-Nachfolger übertragen):

28. indischer und 1. chinesischer Patriarch: Bodhidharma (chin. Puti Damo, jap. Bodai Daruma, ca. 440–528)
2. Patriarch: Dazu Huike (jap. Taiso Eka, 487–595)
3. Patriarch: Jianzhi Sengcan (jap. Kanchi Sōsan, gest. 606)
4. Patriarch: Dayi Daoxin (jap. Daii Dōshin, 580–651)
5. Patriarch: Daman Hongren (jap. Daiman Kōnin, 601–674)
6. Patriarch: Dajian Huineng (jap. Daikan Enō, 638–713)

Von ihm aus, der er immerhin ein anerkannter, wenn auch vom bloßen Buchwissen unbefriedigter Gelehrter war, welcher sich bestens in den Schriften der »Drei Lehren« (Konfuzianismus, Daoismus und Buddhismus) auskannte, setzte sich das Spiel der Überlieferung über drei weitere Generationen von Dharma-Nachfolgern fort bis zu einem jungen Mann, der wieder einmal ganz unten stand auf der Leiter des sozialen Status. Dieser Mann markierte einen neuen Höhepunkt in den Annalen des Zen sowie den Endpunkt der offiziellen Weitergabe des Patriarchats in der Tradition des Zen. Doch davon später.

Vom Dhyāna-Buddhismus zum Zen

Mit der Bestätigung von Huike als Zweitem Patriarchen war der Dhyāna-Buddhismus für die Geschichtsschreibung des Zen in China angekommen. Tatsächlich gab es auch vor Bodhidharma schon bedeutende Vertreter des Meditationsbuddhismus in China, und viele der Lehren, die später als typisch für das Zen gelten sollten, wurden hier bereits nicht nur von buddhistischen Meistern, sondern auch von den Dao-Nachfolgern von Laozi und Zhuangzi vertreten. Die zentrale Bedeutung der Meditation, der »Versenkung«, wurde im chinesischen Buddhismus schon seit An Shigao betont, der (in der zweiten Hälfte des 2. Jahrhunderts unserer Zeitrechnung) wichtige Sūtras des indischen Dhyāna-Buddhismus ins Chinesische übertrug, unter anderem das »Sūtra über die Versenkung durch Atembewusstheit«.

Der aus Kucha stammende Kumārajīva übersetzte Anfang des 5. Jahrhunderts wichtige Texte der Prajñāpāramitā-Literatur – der Sūtras über »Die das andere Ufer erreichende [*pāramitā*, d.h. transzendente oder erlösende] Weisheit [*prajñā*]« – und der Kommentare dazu (u.a. den Kommentar von Nāgārjuna, den die Zen-Tradition als ihren 14. indischen Patriarchen betrachtet) ins Chinesische. Die Lehre von der erlösenden Weisheit fand ihre komprimierteste Formulierung im so genannten »Herz-Sūtra«, dem Herzstück des Großen Weisheits-Sūtra (*Prajñāpāramitā-Hridaya-Sūtra*), das in der Formulierung gipfelt »Form als solche ist nichts anderes als Leere; Leere als solche ist nichts anderes als Form«. Noch heute wird dieses Sūtra als Erinnerung an die zentrale Einsicht des Auges des Wahren Dharma in allen Zen-Klöstern rezitiert.

Kumārajīvas Schüler Sengzhao vertrat bereits aus buddhistischer Sicht die Lehre vom Nichtwissen als dem wahren Wissen. In der Schrift »Prajñā ist nicht Wissen« schreibt er: »Weil Weisheit [nach landläufigem Verständnis] weiß, was zu wissen ist, und die Eigenschaften [der Dinge] erkennt, heißt es, sie [*prajñā*] sei Wissen. Aber da die Absolute Wahrheit an sich jeglicher phänomenalen Eigenschaften entbehrt – wie kann sie da ›gewusst‹ werden?« Und im folgenden Abschnitt hätte der Kaiser Wu, wenn er denn seinen Sengzhao gekannt hätte, vielleicht einen Schlüssel zum Verständnis von Bodhidharmas merkwürdigem Verhalten gefunden (so es sich überhaupt »verstehen« lässt):

> Darum ist der Weise wie eine leere Höhlung. Er hegt
> kein Wissen. Er wohnt in der Welt der Wandlungen und
> der Brauchbarkeit, und doch hält er sich an das Reich
> des Nichttuns. Er verweilt innerhalb der Wände des
> Benennbaren und lebt doch im offenen Land dessen,
> was die Rede überschreitet. Er ist still und einsam, leer
> und offen, sodass sein Zustand nicht in Worte zu kleiden
> ist. Mehr kann man nicht von ihm sagen.

Und schließlich wurde die Lehre von der Plötzlichkeit der Erleuchtung, die zu einem Kennzeichen der wichtigsten Schulen des Chan gehört, ebenfalls schon zu Beginn des 5. Jahrhunderts von Daosheng, einem weiteren Schüler von Kumārajīva, vertreten. Doch dass es für die zentralen Lehren des Chan nicht nur im frühen chinesischen Buddhismus, sondern auch im Daoismus Parallelen und Vorläufer gibt, ist angesichts der Zeitlosigkeit des Wahren Dharma nicht verwunderlich.

Bemerkenswert ist vielmehr, dass aus der Begegnung und Vermischung von Buddhismus und Daoismus im Laufe eines sich über Jahrhunderte erstreckenden Gärungsprozesses schließlich der reine Wein des Chan entstand, der bis heute zahllose Schatzsucher berauscht und viele durch eine schwere Dharma-Intoxikation sogar das Leben ihres Egos gekostet hat.

Der unverwechselbare Geschmack des Zen

Man kann sagen, das Chan sei ein Kind der Ehe von Buddhismus und Daoismus. »Ganz der Vater«, also Buddha, ist das Chan in seinem Kern, der Übermittlung des Buddha-Auges, des Schatzes des Auges des Wahren Dharma. »Ganz die Mutter«, das von den großen Daoisten als weiblich charakterisierte Dao, ist der Sprössling in seiner typisch chinesischen Weise, der erleuchteten Sicht aller Patriarchen Ausdruck zu verleihen und das Innere Licht widerzuspiegeln.

Der Beitrag des Daoismus zu der heute als Zen-*Buddhismus* bekannten explosiven Mischung von Buddhismus und Daoismus wird oft unterschätzt. Doch Buddhas, also »Erwachte«, hat es vor und nach Shākyamuni Buddha und innerhalb und außerhalb des Buddhismus gegeben. Was jedoch aus der kombinierten Sprengkraft von Buddhismus und Daoismus zur Auslöschung allen hinderlichen dualistischen »Wissens« einen so ganz besonderen Sprengsatz machte, war der Zünder, den vor allem der Daoismus und die chinesische Mentalität im Allgemeinen beisteuerten: der Witz der chinesischen Chan-Meister.

Die innere, paradoxe Spannung zwischen scheinbar unvereinbaren Gegensätzen, die nach einer Auflösung im befreienden Lachen des Erwachens verlangt, findet sich schon in vielen Aussagen des Buddha und der indischen Patriarchen und buddhistischen Schriften. Doch hat der indische Buddhismus, zumindest bis zu den Mahāsiddhas des tantrischen Buddhismus – eine relativ späte Strömung, die wiederum durch Beimischung eines anderen Elements, hier des Tantrismus, entstand –, trotz der fast psychedelischen Farbigkeit der großen Mahāyāna-Sūtras eine seltsam humorlose Trockenheit (die sich übrigens auch bei den Vertretern des »hinduistischen Zen«, des Advaita, von Shankara bis Ramana Maharshi findet).

Die chinesischen Meister, die dem Dhyāna-Buddhismus in China seinen unverwechselbar chinesischen »Geschmack« verliehen und damit das Chan hervorbrachten, waren jedoch Meister der Pointe, der Auslösung des Großen Lachens, das sich wie bei Mahākāshyapa als spontanes Lächeln, aber auch als brüllendes, schenkelschlagendes Gelächter manifestieren kann. Es war ihr aberwitziger, absurder Humor, ihr Hang zu Schelmenstreichen, der aus der Dorfkomödie des alten Shākya eine die unerleuchtete Sicht der Dinge umwerfende Slapstick-Komödie machte, die Buster Keaton, Laurel und Hardy und die Marx Brothers als Dilettanten des Genres erscheinen lässt.

Ihr historischer Patriarch in dieser Hinsicht war der neben (dem ebenfalls eher trockenen) Laozi bedeutendste Vertreter des frühen Daoismus, das alte Schlitzohr Zhuangzi. Die Geschichte Zhuangzis über den »Wolkengeneral« (als ob man den Wolken Befehle erteilen könnte!) und seinen Zusammenprall mit »Endlose Finsternis«, der Verkörperung des daoistischen (und zen-buddhistischen) Nichtwissens, ist ein herrliches Beispiel seiner Gewitztheit und seines Aberwitzes:

Wolkengeneral wanderte im Osten, als er am Ausläufer eines Wirbelsturms vorüberkam und unvermutet Endloser Finsternis begegnete. Endlose Finsternis vergnügte sich gerade damit, sich auf die Schenkel zu schlagen und wie ein Spatz umherzuhüpfen. Als er ihn erblickte, hielt Wolkengeneral überwältigt inne und blieb voller Ehrfurcht stehen. »Wer seid Ihr, Alterchen?«, fragte er. »Und was macht Ihr da?«
»Ich lustwandle«, antwortete Endlose Finsternis dem Wolkengeneral und schlug sich dabei weiter auf die Schenkel und hüpfte umher wie ein Spatz.
»Ich möchte Euch eine Frage stellen«, sagte Wolkengeneral.
»Baahh«, sagte Endlose Finsternis, während er aufschaute und Wolkengeneral ansah.
»Der Lebensatem des Himmels ist aus dem Gleichgewicht«, sagte Wolkengeneral. »Der Lebensatem der Erde ist gestört. Die Sechs Lebensenergien der Umwandlung harmonieren nicht. Die vier Jahreszeiten sind aus dem Rhythmus. Nun möchte ich die Essenz der Sechs Lebensenergien verschmelzen, um alle Lebewesen damit zu nähren.«
»Davon weiß ich nichts!«, sagte Endlose Finsternis, wandte sich ab und schlug sich, wie ein Spatz umherhüpfend, weiter auf die Schenkel. »Weiß nicht! Weiß nicht!«
Wolkengeneral kam nicht dazu, noch weitere Fragen zu stellen.
Zhuangzi *XI.5*

Zhuangzis Gewitztheit besteht, wie bei den späteren Chan-Meistern, auch darin, dass er die Menschen mit auf den ersten Blick ganz alltäglichen, »harmlosen« Beispielen und Geschichten, die erst bei genauem Hinsehen und oft erst nach längerem Ringen um die Pointe (und nicht etwa die »Moral von der Geschicht«!) ihre Tiefe offenbaren, an ein Begreifen des Dao heranführt. »Ich will zu dir ganz harmlos von diesen Dingen sprechen«, sagt eine seiner Figuren zu einem Suchenden, der Fragen nach dem letzten Sinn der Heiligen Wahrheit gestellt hat, »also höre du mir ganz harmlos zu!«

Auch das Paradox, der begriffliche Hinweis auf das Jenseits des Denkens (*para dokein*) Liegende, spielt bei Zhuangzi (ebenso wie in den Mahāyāna-Sūtras) bereits eine große Rolle: »Wer kennt die Beweisführung ohne Worte und den Weg, den man nicht beschreiben kann?« (*Zhuangzi, II.8*) Es gibt hier auch schon Geschichten, in denen Paradox und absurder Humor miteinander verwoben sind, wie in der berühmten Geschichte vom Schmetterlingstraum des Zhuangzi, der, aus dem Traum erwacht, nicht mehr wusste, »ob er Zhou war, der geträumt hatte, ein Schmetterling zu sein, oder ein Schmetterling, der gerade träumte, Zhou zu sein« (*Zhuangzi, II.14*).

»Die Drei Lehren«, Detail aus einer dem Josetsu, Japan 15.Jh., zugeschriebenen Hängerolle. Das Chan entstand in China auf dem Boden einer vom Konfuzianismus geprägten Kultur durch die Begegnung von Daoismus und Buddhismus. Die drei Lehren werden hier durch ihre Gründerväter repräsentiert, durch Kongzi, Laozi und Gautama Buddha. Es ist typisch für die ostasiatische Spiritualität, dass unterschiedliche Lehren hier nicht als konkurrierende Religionen angesehen werden, sondern als unterschiedliche Wege zum Wesentlichen, die in einer Gesellschaft wie in einem Individuum friedlich koexistieren können.

(Ryōsoku-in, Kyōto)

Zen in der Kunst des Witze-Erzählens

Es hat viele Versuche gegeben, das zu umschreiben und zu charakterisieren, was ein Kōan ist. Der verbreitete Ausdruck »Zen-Rätsel« ist sicher der irreführendste dieser Versuche, denn »des Rätsels Lösung« ist immer eine zwar auf den ersten Blick nicht offensichtliche, jedoch mit Logik und dem Verstand einsichtige Lösung (wie etwa bei dem berühmten Rätsel der Sphinx, die nach dem Lebewesen fragt, welches am Morgen auf vier, am Mittag auf zwei und am Abend auf drei Beinen geht).

Die besten Witze jedoch lassen auf eine den Verstand überrumpelnde Weise zwei scheinbar nicht zusammenpassende Dinge in der Pointe plötzlich in eins zusammenfallen, und zwar auf eine Weise, die logisch nicht befriedigend zu *erklären* ist. Deshalb ist jeder richtige Witz tot, wenn die Pointe nicht spontan zündet und man versucht, sie zu erklären. Denn die Reaktion auf die Pointe eines Witzes ist nicht, wie bei der Lösung eines Rätsels, eine intellektuelle Genugtuung, sondern ein in Gelächter explodierendes *ästhetisches* Vergnügen über ein plötzlich geschautes, auf irrwitzige Weise stimmiges Zusammenpassen von zuvor für unvereinbar gehaltenen Dingen.

Ein Mönch fragte Meister Yunmen: »Was ist das Wesentliche des Daseins eines Flickenkutten-Mönchs?«
Der Meister entgegnete: »Du bist dran!«
»Bitte Meister, sagt es mir!«
»Zitherspielen für eine Kuh!«

Jemand fragte Meister Yunmen: »Wie alt seid Ihr, Meister?«
»Sieben mal neun macht achtundsechzig.«
»Wieso soll sieben mal neun achtundsechzig sein?«
»Ich habe deinetwegen fünf Jahre abgezogen.«

Einem Aspekt der Zen-Geschichten und der Kōan (es gibt, wie wir später sehen werden, noch andere Aspekte) nähern wir uns an, wenn wir sie als eine Art Witz verstehen. Die chinesischen Meister des Chan haben die Kunst des Witze-Erzählens auf eine nie zuvor und wahrscheinlich nie wieder erreichte, höchst geniale Weise perfektioniert: Sie erzählen uns einen absurden »Witz«, der uns auf die Folter des Wartens auf die Pointe spannt ... und lassen dann auf geradezu perfide Weise die Pointe weg. (Darin unterscheiden sich die Kōan von den humorvollen Sufi-Geschichten wie die über die Schelmenstreiche des Mulla Nasruddin, welche, wie der konventionelle Witz, die Pointe immer mitliefern.) Die Chan-Meister überlassen es *uns*, die Pointe selbst zu finden – eine Pointe, in der die dualistische Sicht der Dinge durch einen plötzlichen Sprung auf eine non-duale Ebene des Begreifens transzendiert wird. Diese Pointe ist auf eine logisch nicht nachvollziehbare, jedoch existenziell ungemein befriedigende, ja – um ein Modewort der spirituellen Szene zu benutzen – »transformierende« Weise stimmig ... und im Grunde so ungemein naheliegend, dass man sich »hinterher« an den Kopf schlägt angesichts der früheren Unfähigkeit, das Offensichtliche zu sehen.

Das innere Ringen um das Zünden der Pointe kann Jahre dauern. Doch es lohnt sich, sich auf die Komödie der Chan-Meister einzulassen, denn so mancher hat sich darüber schon so gründlich tot-gelacht, dass er danach, »selig lächelnd wie ein satter Säugling«, zum Großen Leben wiedergeboren wurde.

Der Mönch Deng Yinfeng kam zu Meister Mazu, um sich zu verabschieden. Der Meister fragte ihn, wohin er gehe, und er beschied ihn, er gehe zu Meister Shitou.
»Shitou [wörtlich: »die Felsplattform«] ist schlüpfrig«, sagte Mazu.
»Ich bin mit einer Balancierstange ausgerüstet, die ich jederzeit anzuwenden weiß«, antwortete Deng Yinfeng. Als er an seinem Ziel angekommen war, ging er einmal um den Sitz von Shitou herum, schüttelte seinen mit Metallringen versehenen Wanderstab und fragte: »Was ist das?«
Shitou rief: »Du lieber Himmel! Du lieber Himmel!«
Deng Yinfeng sagte nichts mehr, kehrte zu Meister Mazu zurück und berichtete ihm, was geschehen war. Mazu trug ihm auf, zu Shitou zurückzukehren; dort solle er, falls Shitou wieder »Du lieber Himmel!« ausriefe, zweimal schnauben und zischen.
Deng Yinfeng kehrte zu Shitou zurück. Er wiederholte, was er vorher getan hatte, und fragte wiederum: »Was ist das?«
Daraufhin schnaubte und zischte Shitou zweimal. Wieder ging Deng Yinfeng ohne ein weiteres Wort. Er berichtete Mazu von der Begebenheit. Der hielt ihm entgegen:
»Habe ich dir nicht gleich gesagt: Shitou ist schlüpfrig.«

Aus dem Jingde chuandenglu

5

Der Barbar aus dem Süden oder:
Der Familienstreit um das Erbe des Zen

> Es gibt zu viele Intellektuelle auf der Welt,
> Die haben ausgiebig studiert und wissen einfach alles.
> Doch kennen sie ihr eigenes Wahres Wesen nicht
> Und wandeln fern, so fern vom Weg.
> Wie eingehend sie auch die Wirklichkeit erklären,
> Was nützen ihnen all die leeren Formeln denn?
> Wenn du ein einziges Mal dein Selbst-Wesen erinnerst,
> Dann tut sich dir die Einsicht eines Buddha auf.
>
> *Hanshan, »Gedichte vom Kalten Berg«*

Das Repertoire der Zen-Meister würde nicht das ganze Spektrum des Menschlichen und Allzumenschlichen umfassen, wenn ihr Spielplan neben der Dorfkomödie des alten Shākya nicht auch die Tragödie oder zumindest die Tragikomödie enthielte. Die 33. Inszenierung des Spiels der Weitergabe des Lichts, also vom fünften an den sechsten Patriarchen des Zen in China, enttäuscht uns in dieser Hinsicht nicht: Sie bietet ein Schauspiel von geradezu shakespeareschem Format mit allen Facetten von der Burleske bis zum tiefsten existenziellen Konflikt von Sein oder Nichtsein – allerdings mit einem für Shakespeares Dramen untypischen Happy End. Dieses Schauspiel sollte sich für das Thema »Nachfolge« als ebenso paradigmatisch erweisen wie Shākyamunis Geschichte für das der »Suche«. Das heißt, dass in dieser Geschichte Muster der menschlichen Erfahrung zum Ausdruck kommen, die sich nicht nur im Zen, sondern auch in allen anderen Traditionen der »Weitergabe des Lichts« in aller Welt bis auf den heutigen Tag wiederholt haben – in großer Variationsbreite der äußerlichen Formen bei Bewahrung des essenziellen Gehalts.

Die Erleuchtung eines Analphabeten

Der Held dieses Schauspiels ist wieder einmal ein armer Tropf – ein Mensch, der nicht nur in materieller Besitzlosigkeit lebte, sondern der auch »arm im Geiste« (aber keineswegs arm *an* Geist) war. Erzählt wird die Geschichte von Huineng im sogenannten »Sūtra des Sechsten Patriarchen, gesprochen vom Podium des Dharma-Schatzes«, auch kurz »Sūtra des Sechsten Patriarchen« oder »Podium-Sūtra« genannt. (Das im Titel erwähnte »Podium« war zum Zweck der informellen Initiation von Laien in den Buddhismus errichtet worden; bei dieser Gelegenheit »predigte« der Sechste Patriarch dieses Sūtra.) Die Bedeutung dieser Schrift für den chinesischen Buddhismus ist schon daraus ersichtlich, dass sie als einzige originär chinesische Schrift als »Sūtra« bezeichnet wurde – was eigentlich Schriften vorbehalten war, die Lehren von Shākyamuni Buddha selbst wiedergeben sollen. Sie enthält neben Huinengs wichtigsten Lehren auch eine Art Autobiografie des sechsten chinesischen und gleichzeitig letzten offiziellen Patriarchen in der Traditionslinie des Zen.

Betrachten wir die dramatischen Höhepunkte dieses Lehrstücks, ohne uns davon beirren zu lassen, dass es – wie etliche Quellen nahelegen – die historische Realität komprimiert, ausschmückt und aus der Perspektive der Nachfolger von Huineng wohl auch etwas zurechtrückt. Worauf es hier – wie bei anderen Zen-Geschichten – ankommt, ist, dass es dadurch eine geradezu archetypische Wirklichkeit gewinnt, die ihre Wirksamkeit in unserem Bewusstsein entfalten kann, wenn wir uns darauf einlassen und uns die Pointen dieser Geschichte aufgehen.

Es war einmal ein junger Bursche namens Huineng. Sein Vater, ein gelehrter Beamter aus Fayang, war seines Amtes enthoben und nach Xinzhou in Lingnan im als unzivilisiert geltenden Süden Chinas verbannt worden. Dort lebte Huineng nach dem frühen Tod seines Vaters mit seiner Mutter in bitterer Armut und ernährte sie beide, indem er Feuerholz sammelte und verkaufte. Eines Tages hörte er, wie im Haus eines Kunden, den er gerade beliefert hatte, jemand das »Diamant-Sūtra« rezitierte:

Also habe ich gehört: Einst weilte der Erhabene im Garten des Anāthapindika im Jeta-Hain bei Srāvastī zusammen mit einer großen Versammlung von Mönchen, bestehend aus 1250 Mönchen, und mit vielen Bodhisattvas, großen Erleuchtungswesen. ...
Zu jener Zeit befand sich auch der Ehrenwerte Subhuti unter den Versammelten. Der erhob sich von seinem Sitz, machte seine rechte Schulter frei, kniete auf sein rechtes Knie nieder, beugte sich vor, erhob respektvoll die zusammengelegten Hände und sprach den Erhabenen folgendermaßen an:
»... Weltverehrter, wenn gute Männer und gute Frauen die Verwirklichung der Unvergleichlichen Erleuchtung suchen – welchen Prinzipien sollten sie folgen, wie sollten sie ihren Geist schulen?«

Huineng hielt inne und lauschte der Rezitation. Und im Folgenden vernahm er Sätze wie: »Darum, Subhuti, sollten alle Bodhisattvas einen reinen, lichten Geist entwickeln, der nicht bei Klang, Geruch, Berührung, Geschmack noch irgendeiner anderen Eigenschaft verweilt. Ja, der Bodhisattva sollte einen Geist entwickeln, der bei überhaupt keinem einzigen Ding verweilt ...« In seiner Autobiografie berichtet Huineng: »Ich hörte es nur einmal, und mein Geist öffnete und klärte sich.«

Was der Sechste Patriarch im »Podium-Sūtra« unspektakulär als Öffnung und Klärung seines Geistes bezeichnet, muss, wie sich bald herausstellen sollte, eine recht tiefe Erleuchtungserfahrung gewesen sein. Er fand sich plötzlich in der offenen Weite des Auges des Wahren Dharma wieder, in der klaren, kühlen Einsamkeit der totalen Subjektivität, für die es keine Objekte mehr gibt, an denen sich der Geist festmacht. Und in ihm muss – wie bei so vielen Menschen in ähnlicher Situation – der Wunsch erwacht sein, eine Bestätigung der Gültigkeit dieser nach allen Maßstäben des Jedermannsbewusstseins »ver-rückten« Erfahrung zu erhalten.

Das Diamant-Sūtra (Sanskrit *Vajrachchedikā-Prajñāpāramitā-Sūtra*, »Sūtra vom Diamantschneider der Höchsten Weisheit«) – ist ein selbstständiger Teil des »Sūtra von der Höchsten (Transzendenten) Weisheit«. Es zeigt, dass die Phänomene nicht die absolute Wirklichkeit, sondern Illusionen, Projektionen des eigenen Geistes sind. Darum sollte der Meditierende diese als leer, also substanzlos, erkennen und nicht bei den Erscheinungen verweilen. Die dies erkennende Weisheit wird »Diamantschneider« genannt, weil sie »scharf wie ein Diamant ist, welcher alle willkürlichen Begriffe wegschneidet und den Übenden zum anderen Ufer der Erleuchtung führt«.

So machte er sich denn, nachdem die großzügige Spende eines Gönners es ihm ermöglicht hatte, seine alte Mutter zu versorgen, nach Nordchina auf zum Berg Fengmu, auf dem Hongren, der Fünfte Patriarch des Chan, lebte und lehrte. Der pries nämlich, wie Huineng von demjenigen erfuhr, den er das »Diamant-Sūtra« hatte rezitieren hören, eben diese Schrift als Mittel, mit dessen Hilfe man »das eigene Wesen erkennen und unmittelbar Buddhaschaft erlangen« könne. Hongren schien also jemand zu sein, der wie Huineng die den Geist öffnende Kraft der in dieser Schrift formulierten Einsichten kennen gelernt hatte. Diesem Mann und seiner Verwirklichung wollte Huineng einmal auf den Zahn fühlen – und damit gleichzeitig seiner eigenen Verwirklichung. Er wollte sie prüfen, bestätigen und vertiefen lassen. Darum ging er hin, dem Fünften Patriarchen »seine Verehrung zu erweisen.«

Rechte Seite: Kalligraphie einer Passage aus dem »Diamant-Sutra«, von Ishan Ining, China / Japan 1247–1317. Der chinesische Chan-Meister Ishan gehörte zu den Meistern, die in der Frühzeit der Übertragung des Zen aus China nach Japan kamen und hier lehrten. Das »Diamant-Sutra« gehört zu den wenigen orthodoxen Schriften, die im Zen hohes Ansehen genießen. Die hier kalligraphierte Passage lautet: »Die Erleuchtung des Dharma wohnt an keinem speziellen Ort; sie wird im Herz-Geist geboren.«
(Sammlung Nakamura Yōichirō, Tōkyō)

Vater und Sohn singen mit einem Mund

Nach langem und vermutlich beschwerlichem Fußmarsch (wir befinden uns im China des 7. Jahrhunderts unserer Zeitrechnung, es gab keine öffentlichen Verkehrsmittel, keine Mitfahrgelegenheiten, und auf den Wanderer lauerten nicht nur wilde Tiere, sondern auch Räuber und Wegelagerer) langte Huineng auf dem Berg Fengmu im Kloster des Fünften Patriarchen an. Als er bei Hongren vorsprach, entwickelte sich, nach Huinengs Schilderung, folgender Dialog:

> Der Meister fragte mich: »Woher bist du, dass du zu diesem Berg kommst, um deine Verehrung zu erweisen. Was lässt dich zu mir kommen? Wonach suchst du?« Ich antwortete: »Ich bin ein Bürger von Xinzhou in Lingnan. Ich bin zwar von weit her, aber ich bin nur gekommen, um den Meister zu treffen. Ich suche nur, ein Buddha zu werden; nach etwas anderem verlangt es mich nicht.« Der Fünfte Patriarch sagte: »Du kommst von Lingnan, bist also ein Barbar. Wie könntest du zum Buddha werden?« Ich erwiderte: »Menschen sind vom Süden oder Norden, aber im Buddha-Wesen gibt es ursprünglich weder Süd noch Nord. Der gesellschaftliche Stand des Barbaren ist nicht der gleiche wie der des Meisters, aber das Buddha-Wesen ist das gleiche, ohne Unterschiede.«

Hier haben wir es nicht nur mit einem typischen *Wenda* (jap. *Mondō*, d. h. »Frage und Antwort«) zwischen einem Suchenden und einem Zen-Meister zu tun, sondern mit dem, was man später ein »Dharma-Gefecht« nennen sollte – einem Austausch zwischen zwei erleuchteten Menschen, die spielerisch wie in einem Florettgefecht unter Kumpanen die »Schlagfertigkeit« ihrer erleuchteten Sicht auf die Probe stellen. Ein Meister des Zen erkennt schon allein an der Körpersprache und dem gesamten Habitus eines Menschen, der ihm gegenübertritt, dessen Bewusstseinszustand. So war Hongren zweifellos schon klar, dass er es hier mit einem außergewöhnlichen Menschen zu tun hatte, noch bevor Huineng auch nur den Mund aufgetan hatte.

Also beginnt Hongren gleich, ihn zu testen und herauszufordern, indem er ihn zunächst scheinbar ganz »harmlos« (Zhuangzi lässt grüßen) nur nach dem Woher und Wohin fragt. Und Huineng antwortet ebenfalls ganz harmlos und scheinbar aus der Sicht des Jedermann: Da und da her, und ich möchte, bitteschön, ein Buddha werden – nicht mehr und nicht weniger. Als ob er es nicht schon besser wüsste! Aber vielleicht will er ja seinerseits Hongren auf die Probe stellen.

Hongren geht auf sein Spiel ein und antwortet ebenfalls scheinbar von der Ebene des unerleuchteten Geistes, wobei er gleichzeitig die Angel auswirft mit einem Köder, der Huineng dazu bringen soll, seine Haifischzähne zu zeigen: Ein Buddha ist etwas derart Erhabenes, wie könntest du, ein ungebildeter Barbar aus dem Süden, hoffen, jemals ein Buddha zu werden. – Als ob er es nicht besser wüsste!

Und Huineng beißt an, zeigt mit seiner Antwort sein wahres Gesicht mit dem schon blinzelnden Dharma-Auge und zappelt an der Angel des Fünften Patriarchen.

Huineng berichtet weiter: »Obwohl der Meister noch länger mit mir reden wollte, schickte er mich, als er sah, dass viele seiner Schüler in der Nähe waren, gleich ihnen zur Arbeit.« Der Fünfte Patriarch hatte genug gesehen; ihm war klar, dass dieser junge Laie in seinem Begreifen schon weit über das hinausging, was viele seiner langjährigen Mönchsschüler bisher realisiert hatten. Wie sehr wünscht sich ein mit dem Dharma-Auge Sehender, Gleichgesinnten zu begegnen, und wie gern hätte Hongren ihr spielerisches Gefecht fortgesetzt und noch länger »mit ihm geredet«! Aber er wusste auch, wie leicht im menschlichen Herzen Neid, Missgunst und Eifersucht die Oberhand über alle frommen Bestrebungen gewinnen. Hätte er sich allzu offensichtlich für diesen hergelaufenen Barbaren interessiert und ihm mehr Zeit gewidmet als seinen anderen Schülern, dann hätte dies ungute Rivalitäten wachrufen können. Doch dieser kostbare junge Sprössling musste behütet werden, damit er ungestört und in aller Stille wachsen konnte.

In einem Dharma-Gefecht wissen beide Fechtenden, wann ein Stoß gesessen hat, ohne dass ein Schiedsrichter »Touché« ruft. Also geht Hongren mit keinem weiteren Wort auf Huinengs Antwort ein, behandelt ihn wie jeden anderen seiner Schüler und schickt ihn zum Arbeiten. Doch Huineng, begeistert von seiner eigenen Fechtkunst und noch im Hochgefühl seiner nicht lange zurückliegenden Erleuchtungserfahrung, meint, noch eins draufsetzen zu müssen. Er berichtet: »Ich sagte zu ihm: ›Mein eigener Geist erzeugt stets Weisheit, ungetrennt von meinem eigenen Wesen. Genau das ist der Acker der Tugend. Was für eine Arbeit will mich der Meister also verrichten lassen?‹« Weise gesprochen – aber Hongren kennt diesen Dharma-Überschwang und setzt dem jugendlichen Heißsporn einen Dämpfer auf, damit der – möglichst unauffällig und außerhalb der Schusslinie eifersüchtiger Mönche – im eigenen Saft vor sich hin schmoren und garen kann: »Der Meister sagte: ›Was für ein vorwitziger Kerl. Du sagst besser nicht noch mal etwas und verschwindest in den hinteren Klostertrakt!‹«

Der Spiegel, der sich nicht sauber wischen lässt

Huineng trollte sich also an die Arbeit. In irgendeinem Hinterhof des großen Klosterkomplexes (Hongren soll damals etwa 1000 Schüler gehabt haben) spaltete er Holz und trat das Pedal des Reismörsers – monatelang, ohne noch einmal beim Fünften Patriarchen vorzusprechen. Hongren und Huineng hatten einander erkannt – das genügte. Hongren hatte gesagt, er solle arbeiten gehen, und das tat Huineng; das Holzhacken war für ihn nicht schlechter als irgendeine Arbeit in den höchsten Ämtern des Klosters. Und dass Huineng nicht wieder beim Fünften Patriarchen vorsprach, obwohl der mit keinem Wort sein Begreifen bestätigt hatte, zeigte Hongren, wie sicher und selbstbewusst Huineng in seiner Erleuchtungserfahrung verwurzelt war. Nach acht Monaten schließlich gab er ihm einen Wink. Wieder Huineng:

Dann plötzlich kam der Fünfte Patriarch und sagte: »Ich weiß, dass deine Einsicht echt ist, und fürchtete deshalb, dass einige übelgesinnte Menschen dir Schaden antun könnten. Aus diesem Grund redete ich nicht mit dir. Verstehst du das?« Ich antwortete: »Ich verstehe Eure Gedanken, und aus diesem Grund ging auch ich nicht vor zu Eurem Raum, damit niemand etwas bemerkt.«

Und so hackte Huineng weiter Holz und stampfte Reis – das »Sūtra des Sechsten Patriarchen« sagt nicht, wie lange. Eines Tages war es so weit, dass der Fünfte Patriarch seinen Tod nahen sah und seine Nachfolge regeln wollte. Natürlich kannte er seine Pappenheimer und wusste bereits, wer in seinem Kloster würdig war, die Robe, die seit Generationen als Zeichen der Übertragung des Patriarchats weitergegeben wurde, zu empfangen. Aber den Mönchen selbst musste das erst noch deutlich vor Augen geführt werden. Also inszenierte er ein Lehrstück, das den Bewusstseinsstand aller Beteiligten offenlegen sollte. Er rief seine Schüler zusammen und forderte sie auf, »mit dem Prajñā-Wesen ihres ursprünglichen Geistes« einen Vers zu verfassen: »Wenn (ich anhand des Verses sehe, dass) jemand zum allumfassenden, grundlegenden Sinn erwacht ist, werde ich ihm Robe und Dharma übergeben und ihn zum Sechsten Patriarchen ernennen.«

Nun gab es unter seinen Schülern einen Mönch namens Shenxiu, der hatte im Kloster des Fünften Patriarchen schon lange als Mönchsältester gedient und war allen Mönchen als die rechte Hand Hongrens bekannt. Er war mit den heiligen Schriften wie dem vom Fünften Patriarchen gepriesenen »Diamant-Sūtra« vertraut, wusste die Zeremonien im Kloster zu leiten und hatte schon so lange Zazen geübt, dass er andere in Theorie und Praxis des Zen-Weges unterweisen konnte. Allerdings war er, wie der Fünfte Patriarch sehr wohl wusste, »noch nicht in das Tor eingetreten und hatte sein eigenes Wesen noch nicht erkannt«. Doch die anderen Schüler, denen es selbst an diesem Dharma-Auge mangelte, beurteilten Shenxiu nur nach dem äußeren Anschein seines Rangs im Kloster und gingen deshalb fraglos davon aus, dass er ihnen an Einsicht überlegen sei: »Der Mönch Shenxiu ist unser Lehrer. Bestimmt wird er die Robe und den Dharma erlangen.« Deshalb versuchten sie erst gar nicht, selbst einen Vers zu verfassen.

Prajñā, wörtl. »Weisheit«, bezeichnet im Mahāyāna und somit im Zen die Höchste Weisheit; d. h. Prajñā ist keine philosophische Erkenntnis, sondern unmittelbar erfahrene intuitive Weisheit, deren entscheidendes Moment das Begreifen der Leere (Substanzlosigkeit) ist, des Wahren Wesens der Welt.
Das Verwirklichen von Prajñā wird im Zen mit dem Erlangen von Erleuchtung gleichgesetzt und ist eines der wesentlichen Kennzeichen der Buddhaschaft.

Alle Augen waren nun auf Shenxiu gerichtet, dem klar war, dass jedermann von ihm erwartete, sein erleuchtetes Begreifen in einem Vers unter Beweis zu stellen. Aber er war sich offenbar – ganz anders als Huineng, der als Hilfsarbeiter für die Klosterküche die ihm zugewiesene Arbeit tat und nicht nach irgendwelchen Ämtern strebte – der Tragfähigkeit seiner Zen-Erfahrung nicht so sicher. So kam er auf den Gedanken, seinen Vers anonym zu veröffentlichen: »Es wäre wohl das Beste, den Vers an die Wand des Ganges (vor dem Raum des Meisters) zu schreiben und es darauf ankommen zu lassen, dass der Meister ihn sieht und liest. Wenn er dann sagt, dass es gut ist, zeige ich mich, mache meine Verbeugung und sage, dass der Vers von mir ist.« Also schrieb er, eine Kerze in der Hand, seinen Vers mitten in der Nacht an die Wand des Ganges. Der Vers lautete:

> Der Leib, das ist der Bodhi-Baum,
> Der Geist, er gleicht dem klaren Ständer-Spiegel.
> Wisch ihn denn immer wieder rein,
> Lass keinen Staub sich darauf sammeln!

Dann kehrte er in seinen Raum zurück und verbrachte die Nacht schlaflos, hin- und hergerissen zwischen Hoffnung und Furcht: Hoffnung auf die Anerkennung und Bestätigung durch den Fünften Patriarchen und Furcht davor, seine Einsicht könne gewogen und als zu leicht befunden werden und er könne »den Dharma nicht erlangen«. Als Hongren am nächsten Morgen des Verses ansichtig wurde, rief er, der alte Fuchs, seine Schüler zusammen, brannte

Räucherwerk vor dem Vers ab und empfahl allen, sich diesen Vers einzuprägen und ihn zu rezitieren, denn: »Diejenigen, die sich diesem Vers entsprechend üben, werden bestimmt nicht ins Verderben fallen.«

Nun ja, zwischen »nicht ins Verderben fallen« und »den Schatz des Auges des Wahren Dharma erlangen« besteht natürlich ein kleiner Unterschied. So wie die Zen-Meister oft ein Lob in einem scheinbaren Tadel verbergen, spricht der Fünfte Patriarch hier für alle, die Ohren haben zu hören, einen Tadel in einem scheinbaren Lob aus. Aber die Schüler haben, wie ihre Ehrfurcht Shenxiu gegenüber schon gezeigt hat, eben *keine* Augen und Ohren: »Alle Schüler rezitierten den Vers und riefen aus: ›Wie wunderbar!‹« O weh! Nicht umsonst hatte bereits Buddha Shākyamuni in seiner Rede an die Kalamer betont, niemand solle nur aufgrund von Rang und Ansehen eines Lehrers dessen Lehren übernehmen, ohne deren Wahrheitsgehalt aus eigener Erfahrung bestätigen zu können. Das »Podium-Sūtra« berichtet weiter:

> Der Fünfte Patriarch rief Shenxiu um Mitternacht zu sich und sagte: »Hast du diesen Vers geschrieben? Wenn er von dir ist, dann sollte man annehmen, dass du den Kern meiner Lehre erfasst hast.«

Schon wieder so ein Winkelzug – Hongren hat Shenxius Kalkül durchschaut und lockt ihn mit einem zweideutigen »sollte man annehmen« aus seinem Versteck. Und natürlich bekennt sich Shenxiu – in aller Bescheidenheit – zu seinem Vers: »Ich hoffe, dass der Meister in seiner Barmherzigkeit sieht, ob in meinem Geist auch nur ein bisschen Weisheit vorhanden ist.« Nun, der Meister sah es tatsächlich – er sah, dass Shenxiu in diesem Vers nicht nur einer dualistischen Sicht der Geschiedenheit von Körper und Geist, sondern auch einer »orthodoxen« buddhistischen Auffassung vom Weg zur Erleuchtung Ausdruck gab. Nach dieser Auffassung ist es nötig, den Geist durch beständige Übung allmählich von allen Verunreinigungen zu läutern, um dadurch schließlich zu einem Buddha werden zu können.

Natürlich stand für Hongren außer Frage, dass beständige meditative Übung, durch die der Geist geläutert wird, die Grundlage jeder Zen-Praxis ist – sonst hätte er seinen Schülern nicht empfohlen, sich an den Vers von Shenxiu zu halten. Aber ihm war genauso klar, dass man, vom Standpunkt des »Prajñā-Wesens des ursprünglichen Geistes« aus betrachtet, nicht durch Übung zum Buddha werden kann. Und er sah nicht nur, dass dieses Prajñā-Wesen dem Vers des Shenxiu mangelte, sondern er besaß auch die Barmherzigkeit, nicht etwa aus »politischen« Gründen – das Fortbestehen eines Klosters mit 1000 Insassen zu sichern, war sicher nichts, was er auf die leichte Schulter nahm – einen Dharma-Nachfolger zu bestätigen, der für diese Nachfolge nicht qualifiziert war. Hätte er Shenxiu dieses Amt anvertraut, hätte er nicht nur Hunderte von Schülern, sondern auch Shenxiu selbst um eine mögliche Weiterentwicklung gebracht.

Darum nimmt Hongren Shenxiu gegenüber unter vier Augen kein Blatt vor den Mund und sagt ihm, sein Vers zeige, dass er sein ursprüngliches Wesen noch nicht erkannt habe und dass er die allerhöchste Erleuchtung mit der darin angesprochenen Methode der allmählichen Erleuchtung nicht werde erlangen können. In seiner großväterlichen Güte weist er ihn sogar mit einem für spätere Zen-Meister eher ungewöhnlichen Wortreichtum darauf hin, was es mit der allerhöchsten Erleuchtung auf sich habe, er umreißt die für das Chan typische Lehre der »plötzlichen Erleuchtung« und gibt Shenxiu noch eine zweite Chance:

> Die allerhöchste Erleuchtung bedeutet, mit einem Mal und unmittelbar den ursprünglichen Geist zu erkennen, zu erkennen, dass das eigene Wesen ursprünglich ohne Geburt und Tod ist, und es bedeutet, immer und überall mit jedem Gedanken zu erkennen, dass die Zehntausend Dinge nicht stillstehen. Es bedeutet zu wissen, dass eine Wahrheit die ganze Wahrheit ist, dass jedes Ding von Natur aus die ganze Wahrheit verkörpert, dass der Geist in seiner Soheit die Wahrheit ist. Auf diese Weise zu erkennen, ist das eigene Wesen der allerhöchsten Erleuchtung. …
> Geh für eine Weile zurück (in deinen Raum) und versenke dich für ein oder zwei Tage darin. Dann mach nochmals einen Vers und bring ihn mir. Wenn ich anhand des Verses sehe, dass du in das Tor eingetreten bist und dein ursprüngliches Wesen erkennen konntest, dann übergebe ich dir Robe und Dharma.

Das tat Shenxiu denn auch, aber es gelang ihm selbst nach mehreren Tagen der Versenkung in die Worte des Fünften Patriarchen nicht, deren tiefe Wahrheit zu durchschauen. Hier sehen wir ganz deutlich, dass sich der Dharma, genauso wie das Dao, eben nicht »übergeben« lässt. Auch wenn Hongrens Worte an Deutlichkeit nichts zu wünschen übrig ließen, genügte ein rein intellektuelles Verstehen dieser Worte nicht, Shenxiu zu wahrem Begreifen zu bringen. Was Hongren mit dem »Übergeben« meinte, wäre nur die formelle *Bestätigung* gewesen, dass Shenxiu aus sich heraus zu seinem ursprünglichen Wesen erwacht war. Aber dies geschah nicht: »Sein Geist war verwirrt, und er kam nicht zur Ruhe. Es war wie ein schlechter Traum, und alles, was er tat, war freudlos.«

Einige Tage später ging ein Laienbruder, den Vers Shenxius rezitierend, an dem Dreschraum vorbei, in dem Huineng arbeitete. Huineng hörte den Vers und wusste sofort, »dass der Schreiber des Verses sein ursprüngliches Wesen noch nicht erkannt hatte«. Also fragte er nach, was es mit dem Vers auf sich habe, erfuhr von Hongrens Herausforderung und auch davon, was er zu dem Vers Shenxius gesagt hatte. Daraufhin ließ er sich in den Gang vor Hongrens Raum führen und bat, »weil ich die Schriftzeichen nicht lesen konnte«, einen dort gerade anwesenden Vizepräfekten, ihm den Vers vorzulesen:

Der las es hierauf mit lauter Stimme, und ich verstand die Bedeutung des Verses; deshalb sagte ich: »Ich habe auch einen Vers. Bitte, Vizepräfekt, schreibt ihn für mich an die Wand.«

Der Vizepräfekt sagte: »Was denn, ein Barbar wie du macht einen Vers? Das ist ja eine ganz ungewöhnliche Sache!«

Nicht nur der Vizepräfekt wunderte sich. Bis auf den heutigen Tag haben gelehrte Kommentatoren des »Podium-Sūtra«, die sich einfach nicht erlauben können zu glauben, ein Analphabet vermöge die allerhöchste Weisheit zu erfassen, gemutmaßt, die Betonung des Analphabetentums von Huineng sei nur ein literarischer Kunstgriff gewesen. Dieser Kunstgriff solle hervorheben, dass es im Zen eben nicht um Buchwissen und intellektuelle Brillanz gehe, aber wahrscheinlich habe der Sechste Patriarch *doch* …

Wenn Huinengs Vater tatsächlich früh verstorben war und seine Frau und seinen jungen Sohn in bitterer Armut zurückgelassen hatte, dann ist es allerdings durchaus glaubhaft, dass Huineng keine Schulbildung genossen hatte, die damals besseren Kreisen vorbehalten war. Auch später, als Huineng bereits ein weithin bekannter Meister des Buddha-Dharma war, musste er sich zum Beispiel das »Lotos-Sūtra« von einem Schüler vorlesen lassen, bevor er diesen über dessen tiefen Sinn – den er sofort durchschaute – unterweisen konnte (siehe Kap. 37 des »Sūtra des Sechsten Patriarchen«).

»Huineng, der Sechste Patriarch, zerreißt die Sūtras«, von Liang Kai, China ca.1140–1210. Der Maler zeigt Huineng, der als Vater des »eigentlichen« Chan gilt, wie er lachend und mit diebischem Vergnügen Schriftrollen mit »heiligen Texten« zerreißt. Er illustriert damit die Charakterisierung des Zen als eine »Überlieferung außerhalb der orthodoxen Lehre« und deren »Unabhängigkeit von heiligen Schriften«.
(Nezu Museum, Tōkyō)

Der Vers Huinengs lautete:

> Im Grunde gibt es keinen Bodhi-Baum,
> Noch gibt es Spiegel und Gestell.
> Da ist ursprünglich kein (einziges) Ding –
> Wo heftete sich Staub denn hin?

Die Mönche waren nicht nur verblüfft, sondern auch voll des Lobes über diesen Vers eines Menschen, den sie bisher – wie sie nun meinten, offenbar unberechtigterweise – für einen Barbaren gehalten hatten. Der Fünfte Patriarch sah aber auch, wie bereits Missgunst unter ihnen aufkeimte, und fürchtete um seinen jungen Schützling. Deshalb sagte er, um die Mönche abzulenken: »Dieser Vers drückt noch nicht die Erkenntnis des Wahren Wesens aus. Warum sollte man ihn bewundern?« Und prompt waren die Mönche alle der Meinung, der Vers sei doch nicht so gelungen, und gingen wieder zum Alltagsgeschäft der Mönche über.

Wie bei seinen Bemerkungen zu Shenxius Vers hatte Hongren, der schlitzohrige Alte, auch hier wieder seine Absicht erreicht, den Frieden im Kloster zu wahren, ohne die Unwahrheit zu sagen. Ja, *warum* sollte man diesen Vers bewundern? – Hätten die Mönche das doch nur wirklich durchschaut! Wie Soko Morinaga Rōshi ausführt, bringt dieser Vers tatsächlich nicht *explizit* den Prajñā-Geist zum Ausdruck, der »den eigenen Geist und alle Zehntausend Dinge als Einheit erkennt«. In seinem Kommentar zum »Sūtra des Sechsten Patriarchen« sagt der zeitgenössische japanische Zen-Meister:

Und doch ist dieser Sinn eindeutig in der Zeile »Da ist ursprünglich kein (einziges) Ding« zum Ausdruck gebracht. Dies »kein Ding«, ein Synonym für Leere, bedeutet Gleichheit oder, mit anderen Worten, das Nichtvorhandensein jeglichen Unterschieds zwischen Selbst und anderen. Zu denken, dass sich kein Staub absetzen kann, weil alles Leere ist, weil es nichts gibt, worauf er sich absetzen könnte, ist falsch. Denn diese Leere ist nicht einfach ein nihilistisches Nichts, sondern ist alle Zehntausend Dinge. Alles ist in seiner Soheit die Erscheinung dieser Leere, und nur weil alles die Offenbarung dieser Leere ist, gibt es nichts, worauf sich Staub absetzen könnte.

Der Fünfte Patriarch hatte natürlich den Prajñā-Geist in dem Vers von Huineng erkannt. Er tauchte am nächsten Tag im Dreschraum bei Huineng auf und gab ihm durch ein Zeichen zu verstehen, er solle ihn um Mitternacht heimlich in seinem Raum aufsuchen. Dort bestätigte er nochmals die Zen-Erfahrung Huinengs und übergab ihm Robe und Schale (die Bettelschale, die alle buddhistischen Mönche als eines von wenigen Dingen besitzen) als Zeichen der Übertragung des Patriarchats.

Da er das menschliche Herz kannte, war Hongren sich bewusst, dass die Übertragung des Dharma an diesen »Barbaren« unter seinen langjährigen Schülern und vor allem bei Shenxiu auf großen Widerstand stoßen würde und heftige Reaktionen auslösen könnte. Deshalb sagte er zu Huineng: »Von jeher hing das Leben eines Menschen, der den Dharma übermittelt, an einem dünnen Faden. Wenn du hier bleibst, wird es Menschen geben, die dir Schaden antun wollen. Du solltest ohne Verzug verschwinden.« Er empfahl ihm, in den Süden zurückzukehren und sich fünf Jahre lang verborgen zu halten und nicht zu lehren. Dann geleitete er Huineng persönlich den Berg hinab und setzte ihn über den Fluss. Er selbst, so vertraute Hongren Huineng bei ihrem Abschied an, werde ein Jahr später sterben – wie es dann auch geschah.

Das Erbe, um das man nicht streiten kann

In sein Kloster zurückgekehrt, gab der Fünfte Patriarch einige Tage lang keine Darlegung des Dharma mehr. Als die Mönche ihn schließlich nach dem Grund dafür fragten, sagte er: »Ich bin nicht krank, aber die Robe von Bodhidharma ging bereits in den Süden.« – Interessanterweise spricht er von der »Robe«, die in den Süden »gegangen« ist (eine Robe mit Beinen?), und nicht von ihrem Träger oder dem Dharma. Aber aus der Sicht seines Prajñā-Auges ist die Robe kein »Symbol« für den Dharma und Huineng ist kein »Träger« des Dharma, sondern die Robe *ist* der Dharma *ist* Huineng. Wie sagte er doch zu Shenxiu: »Erleuchtung ... bedeutet zu wissen, ... dass jedes Ding von Natur aus die ganze Wahrheit verkörpert ...«

Natürlich geschah, was der Fünfte Patriarch hatte kommen sehen: Seine langgedienten Schüler waren durchaus nicht mit der Übertragung des Patriarchats an einen hergelaufenen Barbaren einverstanden, und mehrere Hundert von ihnen machten sich auf, Huineng zu verfolgen, um ihm »Robe und Dharma zu entreißen«. Huineng hatte allerdings schon so viel Vorsprung, dass die meisten unterwegs aufgaben – bis auf einen, einen ehemaligen General »von rohem und leidenschaftlichem Charakter« namens Zheng Huiming. Er holte Huineng nach zwei Monaten schließlich ein, als der gerade den Berg Dayu Ling erreicht hatte. Huineng berichtet:

> Auf dem Berggipfel holte er mich ein. Ich legte die Robe auf einen Stein und sagte: »Diese Robe stellt den Glauben dar. Mit Kraft und Gewalt lässt sie sich nicht nehmen.« Dann versteckte ich mich im Gebüsch. Huiming näherte sich der Robe und wollte sie aufnehmen, aber sie bewegte sich nicht. Huiming rief mit lauter Stimme: »Ich habe Euch verfolgt, um den Dharma zu finden, nicht, um die Robe zu entreißen.«

Daraufhin kam Huineng aus seinem Versteck und unterwies Huiming auf der Stelle, und bei der Frage »Nicht denkend ›Gut‹, nicht denkend ›Böse‹ – was ist dein ursprüngliches Antlitz in eben diesem Augenblick?« erfuhr Huiming augenblicklich Erleuchtung. Die Frage nach dem »ursprünglichen Antlitz« und die Aufforderung, dieses unmittelbar, ohne Zögern und ohne Rückgriff auf diskursives, in dualistischen Vorstellungen befangenes Denken zu demonstrieren, wird bis auf den heutigen Tag in Begegnungen zwischen Zen-Meister und Schüler aufgeworfen.

»In der Erleuchtung gibt es weder Gut noch Böse«, Kalligraphie des großen japanischen Zen-Meisters Musō Sōseki (1275–1352). Einer der Höhepunkte des »Sūtra des Sechsten Patriarchen« ist die Begegnung von Huineng mit seinem Verfolger Huiming. Als Huineng Huiming die Frage stellt: »Nicht denkend ›Gut‹, nicht denkend ›Böse‹ – was ist dein ursprüngliches Antlitz in eben diesem Augenblick?« erfährt Huiming augenblicklich Erleuchtung.

(Sammlung Tsukamoto Tetsuji, Tōkyō)

Der Kern der Lehre des Sechsten Patriarchen

Die Geschichte des Sechsten Patriarchen wurde in diesem Kapitel bis zu diesem Punkt mit großer Ausführlichkeit behandelt, und das »Sūtra des Sechsten Patriarchen« ist so voller spiritueller Juwelen, dass man es am liebsten in Gänze zitieren würde. Erfreulicherweise gibt es eine gute deutsche Übersetzung (siehe Literaturverzeichnis unter Huineng), aus der auch hier zitiert wurde und in der sich die ganze Geschichte und auch die späteren Unterweisungen des Sechsten Patriarchen nachlesen lassen. Das lohnt sich deshalb, weil das »Kapitel Huineng« von zentraler Bedeutung für die gesamte Zen-Geschichte ist. Denn auch wenn sich der Prozess der Fermentierung des Chan-Weins, wie wir gesehen haben, über Jahrhunderte vollzog, gilt Huineng als der Meister, der den Beginn des eigentlichen Chan markiert, also der ganz und gar vom chinesischen Geist assimilierten Form des Dhyāna-Buddhismus.

Bei Huineng findet die »Lehre der Plötzlichen Erleuchtung« eine ihrer klarsten Formulierungen – und zugleich betont Huineng: »Ursprünglich gibt es in der Lehre der Wahrheit weder plötzlich noch allmählich … Wer selbst den ursprünglichen Geist erkennt und das ursprüngliche Wesen erblickt, weiß, dass es keine Unterschiede gibt. Deshalb sind ›plötzlich‹ und ›allmählich‹ nur provisorische Begriffe.« Seit Huineng nahm das Chan zudem noch radikaler als früher von den orthodoxen Lehren des Mahāyāna-Buddhismus, wie sie in dem von Bodhidharma propagierten *Lankāvatāra-Sūtra* oder dem von Hongren gepriesenen *Vajrachchedikā-Prajñāpāramitā-Sūtra* (»Diamant-Sūtra«)

aufgezeichnet sind, Abschied und entwickelte ganz eigene und typisch chinesische Formen der Unterweisung.

Zur Geschichte von Huineng bleibt nachzutragen, dass er nach fünf Jahren des Lebens in Verborgenheit schließlich ins Faxing-Kloster in Kanton gelangte und sich dem dortigen Abt, dem Dharma-Meister Yinzong, gegenüber schließlich als der Sechste Patriarch des Chan zu erkennen gab. Yinzong ordinierte Huineng als Mönch und bat ihn, sein Schüler werden zu dürfen. Damit begann die Lehrtätigkeit Huinengs im Süden Chinas, die sich über vierzig Jahre bis zu seinem Tod im Jahre 713 unserer Zeitrechnung fortsetzen sollte. In der ersten Begegnung mit Yinzong macht Huineng sofort die Stoßrichtung seiner Methode der Unterweisung »außerhalb der orthodoxen Lehre« klar:

Yinzong fragte: »Als der Fünfte Patriarch Euch den Dharma übermittelte, was hat er euch gelehrt? Was hat er Euch übermittelt?«
Ich antwortete: »Es gibt nichts, was er übermittelt hätte. Es kam nur auf die Einsicht in das eigene Wesen an. Versenkung sowie Erlösung [und sonstige ›buddhistische‹ Fragen] wurden nicht erörtert.«
Yinzong fragte: »Warum wurden Versenkung und Erlösung nicht erörtert?«
Ich antwortete: »Weil dies eine Betrachtung von Gegensätzen wäre und nicht Buddhismus. Buddhismus ist die Lehre der Nicht-Zweiheit.«

Verehrte Zuhörer, in meiner Lehre ist, gleich wie in der Lehre der Patriarchen, von jeher der Nicht-Gedanke die Essenz, Nicht-Form die Substanz und Nicht-Verweilen die Grundlage.
Nicht-Form bedeutet das Losgelöstsein von Form in der Form. Nicht-Gedanke bedeutet, ohne jeden Gedanken zu sein im Denken. Nicht-Verweilen ist das ursprüngliche Wesen der Menschen. Weil man weiß, dass alles Gute und Böse, Schöne und Hässliche der Welt, Hass und Freundschaft, Wortgefechte, Aufregung und Streit leer und vergänglich (ohne Substanz) sind, gibt es keine Gedanken der Vergeltung, und man denkt in keinem jetzigen Gedanken an Vorhergegangenes. Wenn die Gedanken sich in Vorher, Jetzt und Nachher fortsetzen und nicht abgetrennt sind, werden sie zur Fessel. Wenn der momentane Gedanke nicht an den Erscheinungen haftet, bedeutet das Ungefesseltsein. Deswegen nehmen wir Nicht-Verweilen als unsere Grundlage.

Aus dem Liuzu dashi fabao tanjing, *dem* »Sūtra des Sechsten Patriarchen«

6

Stock und Schrei oder: Wie lässt sich das Unlehrbare lehren?

> Einst gingen der Großmeister Mazu und sein Schüler Baizhang spazieren, als ein Schwarm Wildgänse über sie hinwegflog.
> Mazu fragte: »Was ist das?«
> Baizhang sagte: »Wildgänse.«
> Mazu fragte: »Wohin sind sie geflogen?«
> Baizhang sagte: »Sie sind weggeflogen.«
> Daraufhin packte Mazu Baizhang bei der Nase und drehte sie kräftig um. Baizhang schrie auf vor Schmerz.
> Der Großmeister sagte: »Wo könnten sie denn hingeflogen sein!«
> Bei diesen Worten kam Baizhang zu einer Einsicht.
>
> *Aus dem* Jingde chuandenglu

Huineng als Vater des Chan

Mit Huineng, dem sechsten chinesischen Patriarchen des Zen, hatte der Dhyāna-Buddhismus nun nicht nur in China Wurzeln geschlagen, sondern er brachte langsam auch typisch chinesische Früchte hervor. Die frühen Meister des Channa waren noch stark vom indischen Mahāyāna-Buddhismus und dessen Lehren und Schriften beeinflusst oder, wie Sengcan, der dritte chinesische Patriarch und Autor des *Xinxinming,* so tief im Daoismus verwurzelt, dass ihre Lehre praktisch eine Ausformulierung des Buddha-Dharma in der Terminologie des Daoismus darstellte. Der ganz eigene Geschmack des Chan deutete sich zwar selbst bei dem Barbar aus dem Westen schon an und findet sich auch bereits in manchen der Worte und Taten der frühen chinesischen Channa-Meister, aber jene typische Form der geistigen Schulung, die heute als Chan oder Zen bekannt ist, begann sich erst zur Zeit des Sechsten Patriarchen herauszukristallisieren. Wenn er dem Channa auch nicht im Alleingang seine chinesische Form gab, gilt Huineng, *der* Gigant des frühen Chan, doch als der »Vater« des eigentlichen Zen.

Nicht dass die Zeit von noch einigermaßen orthodox gefärbten Formen des chinesischen Dhyāna-Buddhismus mit Huineng abrupt zu Ende ging. Die von Shenxiu nach Huinengs Abgang in den Süden gegründete Nördliche Schule des Chan erlebte, nicht zuletzt durch Förderung des Kaiserhofes, eine kurze Blüte und brachte einige durchaus beachtliche buddhistische Lehrer hervor. Und selbst Huineng nimmt im »Podium-Sūtra« immer wieder auf die bedeutenden Mahāyāna-Sūtras Bezug, legt diese dann allerdings auf eine wenig orthodoxe Weise aus. Doch die Chan-Linie der gelehrten Dharma-Meister in der Nachfolge des Shenxiu starb nach wenigen Generationen aus, während die Linie des Analphabeten Huineng – die Tradition dessen, was man später auch das »Zen der Patriarchen« nannte – blühte und gedieh. Offenbar waren alle Kenntnisse der buddhistischen Lehren, aller Eifer beim »Sauberwischen des Spiegels« des Geistes und alle politische Unterstützung durch die Staatsmacht nicht genug, um eine Form der »Schule der Erleuchtung« am Leben zu erhalten, der das innerste »Fünkchen« fehlte: das, was Hongren bereits bei seinem damals bekanntesten und geachtetsten Schüler Shenxiu vermisste, die »allerhöchste Erleuchtung« oder – wie es im Chan, welches abstrakte Begriffe wie »Erleuchtung« zunehmend mied, später oft hieß – die »unmittelbare Schau des ursprünglichen Antlitzes«.

So gehörten um die Wende vom 8. zum 9. Jahrhundert, nach wenigen weiteren Akten der Dorfkomödie der Weitergabe des Lichts, praktisch alle prominenten Schauspieler auf der Bühne des Chan der Südlichen Schule von Huineng an. Und nachdem Huineng darauf verzichtet hatte, das Patriarchat offiziell mit der Überreichung der Robe Bodhidharmas an nur einen einzigen Schüler weiterzugeben, und mehrere seiner Schüler als Erben seines Dharma bestätigt hatte, begann das Chan der Südschule sich geradezu explosionsartig über China auszubreiten. Es brachte in den folgenden zwei Jahrhunderten – während des an Vitalität und Brillanz nie wieder erreichten »Goldenen

Zeitalters« des Zen – eine aus heutiger Sicht schier unglaubliche Fülle von überragenden Meistern des Zen-Buddhismus hervor.

Die Schocktherapie des Patriarchen Ma

Nicht lange nach Huineng machte sich allerdings unter den führenden Vertretern des Chan ein geradezu skandalöser Sittenverfall breit. Angesichts der Rüpeleien, die hier nun einrissen, mag sich mancher brave Buddhist fragen, was das wohl noch mit der erhabenen Lehre des Gautama Buddha zu tun haben soll. Und natürlich war es wieder einmal ein ziemlich barbarisch anmutender Bursche, der hinter diesem Skandal steckte. Wenn man liest, was die Quellen über ihn berichten, könnte man meinen, hier sei Bodhidharma, der Barbar aus dem Westen, wieder auferstanden.

Im *Jingde Chuandenglu* heißt es: »Er war eine auffallende Erscheinung und von beeindruckendem Auftreten. Er hatte den stechenden Blick eines Tigers und bewegte sich im Passgang wie eine Kuh. Er konnte mit der Zunge die Spitze seiner Nase berühren, und unter seinen Fußsohlen befanden sich Male in der Form eines Rades.«

Fürwahr »auffallend« – wenn nicht gar zum Fürchten – war dieser Jiangxi Daoyi (709–788), der unter dem Ehrentitel Mazu, »Der Patriarch (aus dem Hause) Ma«, in die Annalen des Zen einging. Er kann als der wohl bedeutendste Chan-Meister nach Huineng angesehen werden, was sich schon in der Tatsache widerspiegelt, dass man ihn als einzigen Meister nach Huineng als »Patriarchen« titulierte. Wie dieser Mazu seine Schüler Mores lehrte, davon hat die als Motto dieses Kapitels zitierte Begebenheit mit Baizhang und den Wildgänsen schon eine Kostprobe gegeben. Dass dieses rohe Benehmen kein Ausrutscher eines ansonsten würdevollen buddhistischen Meisters war, sondern dass dieser Wahnsinn bei Mazu offenbar Methode hatte, belegen weitere Skandalgeschichten über den Patriarchen Ma:

> Ein Mönch fragte: »Was ist der Sinn von Bodhidharmas Kommen aus dem Westen?«
> Der Meister schlug ihn und sagte: »Wenn ich dich nicht schlüge, würden die Menschen überall im Reich über mich lachen.«

> Der Mönch Shuiliao suchte Meister Mazu auf und fragte ihn: »Was ist der Sinn von Bodhidharmas Kommen aus dem Westen?«
> Anstatt zu antworten, gab Mazu ihm zu verstehen, er solle seine Verbeugung machen und sich zurückziehen. Als Shuiliao sich gerade anschickte, sich zu verbeugen, warf Mazu ihn mit einem Fußtritt zu Boden. In diesem Augenblick erfuhr Shuiliao Erleuchtung.
> Shuiliao erhob sich, klatschte in die Hände, lachte laut und sagte: »Wunder über Wunder! Hunderte und Tausende von Samādhis [Versenkungen] und zahllose spirituelle Einsichten haben ihre Wurzel und Quelle in der

Spitze eines Haares!« Dann warf er sich noch einmal vor Mazu nieder und ging.

Als Shuiliao selbst zum Abt eines Klosters geworden war, sagte er oft zu seinen Mönchen: »Seit ich jenen Fußtritt von Mazu erhalten habe, habe ich nicht mehr aufgehört zu lachen.«

Als einmal sein Schüler Baizhang zu ihm herantrat, griff Mazu nach dem Fliegenwedel, der neben seinem Sitz lag, und hielt ihn in die Höhe.

Baizhang fragte: »In eben dem Augenblick, da Ihr dies tut, solltet Ihr da nicht frei davon sein, daran anzuhaften?«

Mazu legte den Fliegenwedel an seinen Platz zurück.

Baizhang war für einen Augenblick sprachlos.

Mazu sagte: »Du magst den Mund aufmachen und weiterreden. Wie aber willst du es anstellen, ein Erleuchteter zu werden?«

Baizhang ergriff den Fliegenwedel und hielt ihn in die Höhe.

Mazu fragte: »In eben dem Augenblick, da du dies tust, solltest du da nicht frei davon sein, daran anzuhaften?«

Als Baizhang den Wedel zurücklegen wollte, schrie ihm Mazu plötzlich so laut »Ho!« ins Ohr, dass Baizhang für drei Tage taub war.

[Bei diesem Schrei soll Baizhang zur vollen Erleuchtung durchgebrochen sein.]

Nasenstüber, Stockschläge, Fußtritte, ohrenbetäubendes Geschrei – Mazu, diese prächtigste Frucht am Baum des Chan nach Huineng, scheint ein rechtes Früchtchen gewesen zu sein; man könnte meinen, es hier eher mit einem jugendlichen Raufbold zu tun zu haben als mit einem ehrwürdigen Meister des Buddha-Dharma. Mit seinem verderblichen Einfluss auf seine Zeitgenossen und Dharma-Erben hatte Mazu aus der Bauernkomödie des alten Shākya bald eine Slapstick-Komödie im wahrsten Sinne des Wortes gemacht. Sein Beispiel machte Schule, und bald schlugen, traten, brüllten immer mehr der großen chinesischen Chan-Meister munter drauflos.

Die »Fünf Häuser« des Zen:

Im China der Tang-Zeit begründeten herausragende Erben von Huinengs Zen der Patriarchen fünf große Schulen des Chan, die »Fünf Häuser«, die auf jeweils unterschiedliche und charakteristische Weise den Schatz des Auges des Wahren Dharma übermittelten:

1. Die Guiyang-(jap. Igyō-)Schule, benannt nach den ersten Schriftzeichen der Namen der beiden Stammväter, von Guishan Lingyou (Isan Reiyū, 771–853, ein Dharma-Enkel von Mazu Daoyi) und seinem Schüler Yangshan Huiji (Kyōzan Ejaku, 807–883). Typisch für die Guiyang-Schule war der Gebrauch eines Systems von 97 jeweils in einen Kreis eingeschriebenen Symbolen, die eine Art »Geheimsprache« für die Kommunikation zwischen Menschen mit tiefer Zen-Erfahrung darstellten. Das System ist verlorengegangen und die Tradition der Guiyang-Schule mündete später in die Linji-Schule ein.

2. Die Linji-(jap. Rinzai-)Schule, begründet von Linji Yixuan (Rinzai Gigen, gest. 867), der über Huangbo Xiyun (Ōbaku Kiun, 720–814) und Baizhang Huaihai (Hyakujō Ekai, 720–814) ein Dharma-

Erbe von Mazu Daoyi (Baso Dōitsu, 709–788) ist und der Mazus ungewöhnliche Lehrmethoden perfektionierte. Die Linji-Schule wurde später vor allem mit der Kōan-Schulung in Verbindung gebracht. Die Linji-Schule wurde von Myōan Eisai (1141–1215) und Nampo Jōmyō (1235–1309) nach Japan gebracht, wo sie heute noch als Rinzai-Schule aktiv ist. Auch die koreanische Chogye-Schule des Zen geht auf die Linji-Schule zurück und wurde von Taego Pou (1301–1381) begründet.

3. Die Caodong-(jap. Sōtō-)Schule, benannt nach den ersten Schriftzeichen der Namen der beiden Stammväter, von Caoshan Benji (Sōzan Honjaku, 840–901) und seinem Meister Dongshan Liangjie (Tōzan Ryōkai, 807–869). Die Traditionslinie der Caodong-Schule geht zurück auf Shitou Xiqian (Sekitō Kisen, 700–790), dem neben Mazu Daoyi bedeutendsten Meister der prägenden Jahre des Chan. Während das Linji-Zen das Streben nach Erleuchtung durch »Betrachtung der Worte« (Kōan-Schulung) betont, liegt die Betonung im Caodong-Zen eher auf der »Schweigenden Erleuchtung«, dem bloßen absichtslosen Sitzen in Versenkung (jap. *shikantaza*). Die Caodong-Schule wurde von Eihei

Dōgen (1200–1253) nach Japan gebracht, wo sie heute noch aktiv ist.

4. Die Yunmen-(jap. Ummon-)Schule, begründet von Yunmen Wenyan (Ummon Bun'en, 864–949), die über große Meister wie Xuefeng Yicun (Seppō Gison, 822–908) und Deshan Xuanjian (Tokusan Senkan, 782–865) ebenfalls auf Shitou Xiqian (Sekitō Kisen, s. o.) zurückgeht. Der Yunmen-Schule entstammt u. a. Meister Xuedou Chongxian (Setchō Jūken, 980–1052), der als Kompilator und Dichter der Lobgesänge der berühmten Kōan-Sammlung *Biyanlu* (jap. *Hekiganroku*) bekannt wurde. Die Yunmen-Schule erlosch im 12. Jahrhundert.

5. Die Fayan-(jap. Hōgen-)Schule, begründet von Fayan Wenyi (Hōgen Bun'eki, 885–958), die wie 4. und 3. ebenfalls in der Nachfolge des großen Meisters Shitou Xiqian steht. Prägende Vorväter dieser Schule waren Xuefeng Yicun (Seppō Gison, 822–908) und dessen Schüler Xuansha Shibei (Gensha Shibi, 835–908), der eigentliche Begründer dieser Schule, dessen Ruhm jedoch von dem seines Dharma-Enkels Fayan überstrahlt wurde, sodass die Schule schließlich nach Fayan benannt wurde; die Schule erlosch im 10. Jahrhundert.

»Bodhidharma« von Shunsō Shōjū, Japan 1750–1839. Dieses eindrucksvolle »Porträt« des Barbaren aus dem Westen trägt die Inschrift: »Eine einzige Blüte öffnet sich zu fünf Blütenblättern / Und trägt Früchte entsprechend ihrer eigenen Natur.« Mit dieser Aussage prophezeite Bodhidharma nach der Überlieferung des Zen bereits im 6. Jahrhundert die spätere Entstehung der Fünf Schulen oder »Fünf Häuser des Zen« in China.
(Privatsammlung)

Die unerhörten Methoden der klassischen Chan-Meister

Der bedeutende Meister Deshan Xuanjian – ein Meister aus der auf Mazu folgenden Generation von Chan-Meistern – wurde berühmt für seinen geschickten Gebrauch des Stocks. Er ließ die Suchenden, die mit ihren Fragen und Einsichten zu ihm kamen, oft nicht einmal mehr zu Wort kommen, sondern beschied kategorisch: »Dreißig Schläge, wenn du etwas zu sagen weißt. Dreißig Schläge, wenn du nichts zu sagen weißt.« Baizhang Huaihai, einer der bedeutendsten Schüler und Dharma-Erben von Meister Mazu, selbst im Gebrauch des Stocks nicht zimperlich, musste sogar von seinem eigenen Schüler Huangbo Schläge einstecken. Und Huangbo wiederum erging es mit seinem Meisterschüler Linji Yixuan nicht besser. Man stelle sich vor, *das* in einer Kultur, in der der Respekt vor dem Alter und dem Lehrmeister zu den höchsten gesellschaftlichen Werten gehörte! Und Linji, ein ganz abgefeimter Bursche, perfektionierte nicht nur das Schlagen mit dem Stock oder dem Fliegenwedel als Mittel der Schulung seiner Mönche, sondern wurde auch für den Gebrauch des Schreis »Ho!« (in Japan später »Katsu!«) berühmt. Linji unterschied selbst vier Arten des »Ho!«:

> Manchmal ist es wie das Diamantschwert des Vajra-Königs; manchmal ist es wie der goldhaarige Löwe, der sich geduckt anschleicht; manchmal ist es wie eine Lockstange, an deren Ende ein Büschel Gras baumelt; manchmal ist es überhaupt kein Ho.

Was haben Schläge, Tritte, Schreie und ähnliche »schockierende« Methoden noch mit der erhabenen Lehre des Buddhismus und mit dem von den Patriarchen gehüteten Schatz des Auges des Wahren Dharma zu tun? Erinnern wir uns daran, dass das, was den Prinzen Siddhārtha aus dem Hause der Shākya zum Buddha, dem »Erwachten«, machte, eben jenes Erwachen war. Die »Vier Edlen Wahrheiten«, der »Achtfache Pfad«, die Lehre vom »Entstehen in gegenseitiger Abhängigkeit«, vom »Nicht-Selbst« aller Wesen und Dinge und all die anderen grundlegenden Lehren Buddhas und des Buddhismus sind letztlich Ausdruck eben dieser einen zentralen Erfahrung des Erwachens oder der Erleuchtung. Ohne Bodhi, ohne Erwachen kein Buddha und kein Buddha-Dharma, keine Lehre des Erwachten und kein Gesetz oder kein Weg des Erwachens. Keine Tradition der Überlieferung des Buddha-Dharma hat diese Tatsache so ernst genommen, hat sie in ihrer Lebenspraxis und ihren Unterweisungsmethoden mit solcher Radikalität umgesetzt wie das Chan.

Buddhismus ist, wie es der Sechste Patriarch im »Podium-Sūtra« in einem Satz formuliert, »die Lehre der Nicht-Zweiheit«. Und im Zen der Patriarchen ging es und geht es deshalb bis heute in erster Linie und vor allem nicht um irgendeine Methode, nicht um irgendeine Philosophie, nicht um irgendeine Religion, nicht um irgendeinen -ismus, sondern um die Verwirklichung des Erwachens zu dieser Nicht-Zweiheit, der grundlegenden Erfahrung des Buddha. So gesehen ist das, was zur Verwirklichung dieser Nicht-Zweiheit führt, »Buddhismus« in seiner essenziellsten Form, ganz gleich in welchen – äußerlich betrachtet –

»unbuddhistischen« Erscheinungsformen es sich zeigt. Was berichtete Huineng über die Weitergabe des Buddha-Dharma vom Fünften Patriarchen auf ihn? »Yinzong fragte: ›Als der Fünfte Patriarch Euch den Dharma übermittelte, was hat er Euch gelehrt? Was hat er Euch übermittelt?‹ Ich antwortete: ›Es kam nur auf die Einsicht in das eigene Wesen an. Versenkung sowie Erlösung [und sonstige ›buddhistische‹ Fragen] wurden nicht erörtert.‹«

So ließ sich denn Deshan gar nicht erst auf irgendwelche Erörterungen buddhistischer Fragen ein, und so kam es auch Mazu, Baizhang, Huangbo, Linji und allen anderen Meistern des Chan und des Zen »nur auf die Einsicht in das eigene Wesen« an. Und, um auf die rauen Methoden dieser Meister zurückzukommen – am Ende der zitierten und zahlloser ähnlicher Anekdoten über solch handgreifliche Begegnungen von Meister und Schüler heißt es nicht selten: »Der Mönch kam zu einer Einsicht«, oder: »In diesem Moment erfuhr XY Erleuchtung.«

Non-Dualität oder *Nichtdualität* (Sanskrit *advaita*, chin. *bu er*, jap. *fu ni*, wörtl. »Nicht-Zwei«); die Nicht-Zweiheit bezeichnet den von den großen spirituellen Traditionen angestrebten Bewusstseinszustand, in dem das dualistische Denken und die dualistische Wahrnehmung transzendiert sind. Diese sind charakterisiert durch die Aufspaltung der non-dualen (absoluten) Wirklichkeit in zwei entgegengesetzte Kategorien. Die fundamentalste dieser Spaltungen ist die in Subjekt und Objekt, Ich und andere(s), woraus sich in der Projektion von Dualität auf die Wirklichkeit die weiteren Dichotomien wie innen / außen, angenehm / unangenehm, Seiendes und Nichtseiendes, Leben und Tod, Erleuchtung und Wahn, Gut und Böse ergeben.

Die Subjekt-Objekt-Spaltung wird als die Wurzel allen Übels und aller Leiden des Menschen angesehen. Die Bibel bezeichnet diesen Vorgang im menschlichen Bewusstsein als den »Sündenfall« durch das Essen vom Baum des »Wissens um Gut und Böse«. Er führt zur Vertreibung aus dem Paradies, dem ursprünglichen glückseligen Zustand des Menschen. Huineng, der Sechste Patriarch, charakterisiert das Wesen des Zen mit der Aussage: »Buddhismus ist die Lehre von der Nicht-Zweiheit.« In seinem großartigen

Lehrgedicht »*Die Meißelschrift vom Glauben an den Geist*« (*Xinxinming*), das ein einziger Lobgesang auf die Nichtdualität ist, singt Sengcan, der Dritte Patriarch:

Verweile nicht
In dualistischen Anschauungen;
Vermeide absolut,
Ihnen zu folgen.
Existiert auch nur ein wenig
Richtig und Falsch,
Dann wird der Geist
In Verwirrung verloren.
Zwei existiert
Abhängig vom Einen,
Aber man darf auch nicht
Beim Einen verweilen. ...

Auslöser für die Erleuchtungserfahrung

Auch wenn das Bewusstsein eines Menschen reif ist für die Erfahrung eines Durchbruchs zum erleuchteten Begreifen, bedarf es oft einer Art Initialzündung zur Auslösung dieses Durchbruchs. Das kann ein ganz feiner Stimulus sein – wie das Funkeln des Morgensterns am Himmel bei Buddha Shākyamuni, der vorbeiwehende Duft von Pflaumenblüten oder auch der Klang des Anpralls eines Kieselsteins gegen einen Bambusstamm, das Scheppern eines Mülltonnendeckels, das Flattern des gelben Kopftuchs einer Fischverkäuferin in der Abendbrise. Der Moment des Durchbruchs kann so sanft und unmerklich kommen wie das Aufplatzen der Haut eines überreifen Pfirsichs oder mit einer plötzlichen Explosion wie bei der reifen Samenkapsel des Springkrauts, das bei einer leichten Berührung – zum jauchzenden Vergnügen unzähliger Generationen von Kindern – seine Samen in die Umgebung katapultiert.

Sind jedoch bei einem Menschen, der durchaus schon eine gewisse innere Reife und Disposition zu einer Durchbruchserfahrung erreicht hat, die Strukturen dualistischen Denkens, Fühlens und Wahrnehmens aus langer Gewohnheit noch so fest gefügt, dass sie wie eine Barriere wirken, die sich gegen das Durchbrechen der Fluten des erleuchteten Gewahrseins stemmt, dann kann ein plötzlicher Schock diese Barriere zum Einsturz bringen – oder doch zumindest eine Lücke in sie reißen.

Praktisch jedermann kennt die Erfahrung, dass ein plötzlicher Schock, etwa wenn wir einen Unfall haben oder uns die Nachricht vom Tod eines geliebten Menschen erreicht, unser ganzes alltäglichen Denken, Fühlen und Trachten mit einem Streich vom Tisch wischen kann und für eine – mehr oder weniger kurze – Weile unser Bewusstsein eine Tabula rasa oder, wie es im Zen oft heißt, wie »weißes Papier« ist. Diese Erfahrung nutzten die Chan-Meister seit Mazu zunehmend, um mit ihrer Schocktherapie die Barriere des »Jedermannsbewusstseins« für einen Moment so zu erschüttern, dass sie einstürzen kann.

Aber wieso erfährt dann nicht jedermann bei einem plötzlichen Schock eine Erleuchtung – wie das in seltenen Fällen tatsächlich spontan und ohne Vorbereitung durch eine formelle geistige Schulung geschehen kann? Wenn ein Schock, ein Schrei, wenn ein Tritt oder Prügel allein einen Durchbruch herbeiführen könnten, dann müsste Erleuchtung auf den Straßen unserer Großstädte an der Tagesordnung sein. Nein, so herum funktioniert die Sache nicht. Was die meisten Zen-Anekdoten, in denen »Stock und Schrei« zu einem plötzlichen Durchbruch führen, nicht erwähnen – weil es innerhalb der Zen-Tradition eine Selbstverständlichkeit ist –, ist die Tatsache, dass diesen Durchbrüchen fast immer Jahre, wenn nicht gar Jahrzehnte intensiver innerer Suche und meditativer Schulung vorausgegangen sind.

»Die Chan-Meister Mazu und Linji«, von Sengai Gibon, Japan 1750–1838. Rechts sehen wir Mazu, der seinem Schüler Baizhang mit einem Schrei zu einem Durchbruch verhilft. Die Inschrift besagt »Ein Ho! – drei Tage« (siehe S.112). Links sehen wir Linji, wie er seinem Meister Huangbo, der ihn auf die Frage nach der letzten Wirklichkeit hin dreimal mit Stockhieben traktierte, nach seiner Erleuchtung selbst einen Fausthieb versetzt. Die Inschrift lautet: »Die Faust trifft den Vorfahren«.
(Idemitsu Museum, Tōkyō)

Satori – Zen-Begriff für die Erfahrung des Erwachens, einen »Durchbruch« zur erleuchteten Sicht (abgeleitet von jap. *satoru* = erkennen).
Als Synonym für »Satori« wird oft auch der Begriff *Kenshō*, wörtl. »Selbstwesens-Schau«, verwendet. Diese Erleuchtungserfahrung kann in unterschiedlichen Graden an Tiefe und Intensität auftreten; im Allgemeinen heißt es im Zen, dass es wiederholter Kenshō-Erfahrungen bedarf, um zum »Großen Satori, das bis zum Boden reicht« (jap. *daigo tettei*), zu gelangen.

Wäre Siddhārtha im Palast seines Vaters geblieben und hätte seine nagenden Zweifel mit dem Ausleben von Luxus, Sex und Macht oder einfach nur einem wohlanständigen Leben als gutbürgerlicher Familienvater übertüncht, wäre er also ein Spießer und kein Suchender geworden, dann hätte wohl kaum eines Morgens das Blinken des Morgensterns die »allerhöchste Erleuchtung« in ihm wachgekitzelt. Wenn sich hinter der Barriere des Jedermannsbewusstseins nicht schon eine machtvolle Flut des Willens zur Wahrheit angesammelt hat, wenn da nicht bereits dieser dunkle, namenlose Drang gegen die Barriere brandet, der Drang hin zu dem, was immer schon vorhanden ist, was aber aufgrund der eingrenzenden Mauern des dualistischen Denkens und Wahrnehmens nicht realisiert werden kann – dann bewirkt eine Erschütterung der Barriere nicht das, was sie im Zen bewirken kann. Dann mag die Barriere durchlässig werden, dann mag sie sich unter dem Druck überwältigender Eindrücke zu mehr oder weniger pathologischen Formen der Eingrenzung des Geistes verformen, dann mag sie sogar teilweise einstürzen und zu dem vorübergehenden Gefühl führen, dass gesellschaftliche Konventionen ihre Macht über uns verloren haben. Aber im Allgemeinen wird sie dann sehr schnell wieder aufgebaut, meist mit zusätzlichen Pfeilern und Streben, die noch mehr »Sicherheit« garantieren sollen.

Doch wenn durch Jahrzehnte des Suchens und der meditativen Schulung die Fluten des Willens zur Wahrheit so machtvoll geworden sind wie etwa bei Huike, der nicht zögerte, sich einen Arm abzuschneiden, nur um Bodhidharma dazu zu bringen, ihn als Schüler anzunehmen, dann kann ein einziges Wort, ein Satz, eine Geste oder eben ein Schrei oder ein Hieb mit einem Stock dazu führen, dass die Barriere des Jedermannsbewusstseins hinweggespült wird und der Blick in eine andere, non-duale Dimension des Begreifens frei wird.

Die Gefahr des Missbrauchs ungewöhnlicher Methoden

Stock und Schrei können also, *wenn* sie im rechten Moment und im rechten Bewusstsein – nämlich dem nondualen Bewusstsein eines Zen-Meisters – eingesetzt werden, eine Erleuchtungserfahrung auslösen. Das Wenn muss hier betont werden, da diese Methoden auch missbraucht werden können. So gibt es im modernen Japan neben authentischen Formen des Zen auch ein »Militär-Zen« (eine entartete Form, die den Namen »Zen« eigentlich gar nicht verdient und sicher nichts mit dem »Zen der Patriarchen« zu tun hat), in der der »Erweckungs-Stock« (jap. *Kyōsaku* oder *Keisaku*) eher als Hilfsmittel einer Art von Kasernenhof-Drill eingesetzt wird denn als geschicktes Mittel zur Erweckung. So wie manche westlichen Konzerne ihre jungen Manager zu einem Überlebenstraining in die Wildnis schicken, um sie für den harten Kampf gegen die Konkurrenz zu stählen, so schicken manche gesellschaftlichen Institutionen in Japan ihre Rekruten zur Abhärtung und charakterlichen Stählung zeitweilig in sogenannte Zen-Klöster, wo sie von stockschwingenden

»Mönchen« und stahlharten »Meistern« nach dem Motto »Was dich nicht umbringt, macht dich stark« einmal so richtig in die Mangel genommen werden.

Eine weitere und, wenn sie ernst genommen und nicht durchschaut wird, nicht minder abwegige Form des Missbrauchs von Stock und Schrei ist die bloße Imitation. Ein Hieb mit dem Stock oder dem Fliegenwedel oder ein plötzlicher Schrei kann Ausdruck des erleuchteten Wirkens eines Meisters sein – sie können aber auch bloß der kümmerliche und theatralische Versuch sein, solches Wirken zu imitieren. Dann gehört der Schlag oder das »Ho!« zur vierten der von Linji aufgeführten Kategorien des Schreis, es ist »gar kein ›Ho!‹«.[*] Im *Chuandenglu* finden wir zu diesem Thema unter anderem folgende Anekdote:

> Einst fragte Meister Muzhou einen Mönch, woher er
> gerade komme. Der Mönch schrie: »Ho!«
> Muzhou entgegnete: »Du bietest mir also jetzt ein ›Ho!‹«
> Der Mönch schrie abermals: »Ho!«
> »Na gut«, beschied Muzhou, »nach dem dritten oder
> vierten ›Ho!‹ – was machst du dann?«
> Der Mönch wusste nichts zu antworten. Da versetzte
> ihm Muzhou einen Schlag und sagte: »Fort mit dir,
> du armseliger Simulant.«

---

[*] Dies ist übrigens, um der Pointe willen, eine eher oberflächliche Interpretation von »gar kein ›Ho!‹«. In einem tieferen und Linji sicher gemäßeren Sinn kann man diese letzte Kategorie auch als ein völlig absichtsloses »Ho!« verstehen – und damit als die höchste Form dieses Schreis.

Das Schriftzeichen »Katsu«, von Nantembō Tōjū, Japan 1839–1925.
»Katsu!« (chin. »Ho!«) ist der Zen-Schrei, mit dem die alten Meister ihre Schüler aus dem Schlaf des Jedermannsbewusstseins aufzuschrecken versuchten oder mit dem sie der Erfahrung einer im Grunde unaussprechlichen Wirklichkeit Ausdruck verliehen.
(Museum für Ostasiatische Kunst, Berlin)

Eines sollte bereits deutlich geworden sein: Selbst solch äußerlich scheinbar brutale Schulungsmittel wie Fußtritte oder Stockschläge entspringen beim *authentischen* Zen-Meister einzig und allein seiner tiefen Barmherzigkeit und nicht etwa einem Unmut des Meisters über falsches oder ungenügendes Verhalten des Schülers. Und sie sind schon gar nicht als Strafe zu verstehen. Das zu begreifen fällt besonders manchen Zen-Schülern im Abendland schwer, die zu der Einstellung neigen: Zen-Schulung ja, aber nur zu meinen Konditionen! Und diese Konditionen sind natürlich die des Egos, das in der Zen-Schulung ja gerade »auf dem Meditationskissen sterben« soll. Für das verzärtelte und hypertrophierte Ego des modernen abendländischen Jedermanns gibt es kaum etwas Erniedrigenderes, als »Schläge einstecken zu müssen«. Das ist noch schlimmer, als vorübergehend die Autorität eines authentischen Meisters zu akzeptieren und ihm zu »gehorchen« – ein unflätiges Wort für jeden aufrechten Demokraten –, auch wenn man nicht versteht (und niemand geneigt ist, einem zu erklären), warum bestimmte Dinge in der Zen-Schulung so und nicht anders gehandhabt werden.

Dass die Forderung blinden Gehorsams vonseiten »armseliger Simulanten« sicher nicht zum Wohl des Schülers gereicht, steht außer Frage. Aber ebenso gewiss ist die Notwendigkeit der Bereitschaft des Suchenden, sein Ego so weit hintanzustellen, dass er der Autorität eines echten Zen-Meisters (der niemals blinden Gehorsam verlangt) ebenso fraglos folgen kann, wie der Amateurbergsteiger den Anweisungen eines erfahrenen Bergführers folgt. Diese Bereitschaft wird im Laufe der Praxis mit aus *eige-*

ner Erfahrung entspringenden Einsichten in das »Warum« belohnt, zu denen uns keine vorzeitige Erklärung hätte führen können.

Aber Schläge? – Ja, man muss in der Tat schon ziemlich ichlos sein, um eine Ohrfeige einstecken und darüber auch noch fröhlich lachen zu können – so wie die Meister Baizhang, Huangbo und andere der großen Chan-Meister, die vor Freude jauchzten über diesen Beweis der inneren Freiheit ihrer Schüler, die *endlich* alles dualistische »Wählen« und jede dualistische Vorstellung von Autorität und einem Kompetenzgefälle von Meister zu Schüler hinter sich gelassen hatten.

Und vielleicht ist die Herausforderung, zu dieser inneren Freiheit und dieser jauchzenden Freude der totalen Ichlosigkeit zu gelangen, ja auch die tiefe Weisheit hinter der Aufforderung Christi, auch die rechte Wange hinzuhalten, wenn uns jemand auf die linke schlägt.

Eines Tages fragte Meister Baizhang seinen Schüler Huangbo: »Wo bist du gewesen?«
Huangbo antwortete: »Ich habe am Fuße des Berges Daxiong [der Name bedeutet »Großes Unheil«] Pilze gesammelt.«
Darauf fragte Baizhang: »Bist du einem Tiger begegnet?«
Sofort brüllte Huangbo wie ein Tiger.
Baizhang nahm ein Beil vom Boden auf und erhob es, als wolle er den Tiger erschlagen. Da schlug Huangbo Baizhang ins Gesicht.
Baizhang lachte lauthals und kehrte in sein Kloster zurück. Dort sagte er zu den Mönchen: »Am Fuß des Berges Daxiong gibt es einen Tiger. Ihr Mönche solltet euch vor ihm in Acht nehmen. Ich bin heute bereits von ihm gebissen worden.«
[Es heißt, Baizhang habe Huangbo mit diesen Worten als seinen Dharma-Nachfolger bestätigt.]

Aus dem Jingde chuandenglu

7

Mit vollem Munde spricht man nicht! oder: Vom Zen der Giganten zur Schulung auf dem Pfad der Erleuchtung

> Yaoshan hatte schon längere Zeit nicht die Halle betreten, um zu sprechen. Der Mönchsvorsteher sagte zu ihm: »Die Mönche warten nun schon lange, dass der Meister ihnen eine Unterweisung gibt.« Yaoshan sagte: »Läute die Glocke.« Die Mönche versammelten sich in der Halle. Da stieg Yaoshan vom Dharma-Sitz herab und ging zurück in sein Zimmer.
> Der Mönchsvorsteher folgte ihm und sagte: »Meister, habt Ihr nicht zugestimmt, zu den Mönchen zu sprechen? Warum also habt Ihr nichts gesagt?«
> Yaoshan sagte: »Für Sūtras gibt es Sūtra-Lehrer, für Shāstras gibt es Shāstra-Lehrer. Was also habt ihr an mir auszusetzen?«
>
> *Aus dem* Jingde chuandenglu

Die Inszenierung der Dorfkomödie des alten Shākya war bis zur Generation von Mazu eine recht exklusive Angelegenheit. Unter denen, die sich in der Frühzeit des Chan von diesem Schauspiel angezogen fühlten, gab es offenbar nur wenige, die den Plot des Stückes durchschauten und deshalb qualifiziert waren, den Schatz des Auges des Wahren Dharma ihrerseits weiterzugeben. Erinnern wir uns daran, dass Hongren bereits um die 1000 Schüler gehabt haben soll. Es ist zu vermuten, dass es darunter eine ganze Reihe von eifrigen Schatzsuchern gab wie Shenxiu oder Huiming, der schließlich vom Sechsten Patriarchen auf dem Berg Dayu Ling zu einem Durchbruch geführt wurde. Und doch war unter diesen 1000 Schülern keiner, der den Ansprüchen genügte, die Hongren offenbar an einen Dharma-Erben stellte – bis der ungebildete Barbar aus dem Süden, der noch nicht einmal ein offizieller Schüler des Fünften Patriarchen, sondern nur ein in der Küche arbeitender Laie war, den Schatz davontrug.

Erinnern wir uns auch, dass Huineng nach seiner ersten Begegnung mit dem Fünften Patriarchen ganze acht Monate unbeirrt Holz hackte und Reis stampfte, ohne noch irgendwelche persönlichen Unterweisungen von Hongren zu erhalten. Es ist zwar anzunehmen, dass Huineng an einigen öffentlichen Darlegungen des Fünften Patriarchen teilnehmen konnte und von Hongren später auch persönliche Fingerzeige erhielt, bevor dieser ihm Gewand und Schale übergab. Doch deutet nichts im »Podium-Sūtra« oder anderen frühen Schriften des Chan darauf hin, dass es damals schon eine systematische Zen-Schulung gab, wie sie sich später entwickeln sollte.

»Huike, der Zweite Patriarch, harmonisiert seinen Geist«, Hängerolle im Stil des Shike (China 10. Jhdt.), Ausschnitt. Von Huike berichtet die »Aufzeichnung von der Weitergabe der Leuchte«, sein Verhalten habe sich 34 Jahre nach seiner Begegnung mit Bodhidharma plötzlich verändert: Er habe begonnen, Fleisch zu essen und Kneipen aufzusuchen, und habe sich in die Gesellschaft von Landstreichern begeben. Wenn ihn jemand nach dem Grund für dieses ungewöhnliche Verhalten fragte, antwortete er: »Ich harmonisiere meinen Geist; was geht euch das an?« Das Bild zeigt den Zweiten Patriarchen, der einen Rausch ausschläft; das achtlos über die linke Schulter geworfene Gewand verhüllt den Stummel des Armes, den er sich abschnitt, um von Bodhidharma als Schüler angenommen zu werden.

(Nationalmuseum Tōkyō)

Das Zen der Individualisten

Die frühen Klöster des Dhyāna-Buddhismus, wie das, in dem Hongren wirkte – es wäre hier noch nicht richtig, von einem eigentlichen Chan-Kloster zu sprechen –, waren eher lockere Gemeinschaften von Schatzsuchern, die im Sinne des *Avatamsaka-Sūtra* nach Selbstverwirklichung strebten:

> Sudhana fragte: Wie kann man dieser Freiheit von Angesicht zu Angesicht begegnen? Wie erlangt man diese Verwirklichung?
> Suchandra antwortete: Ein Mensch begegnet dieser Befreiung von Angesicht zu Angesicht, wenn sein Geist zur Erlösenden Weisheit (*prajñāpāramitā*) erwacht und in innigster Beziehung zu ihr steht; denn dann erlangt er in allem, was er wahrnimmt und erfasst, Selbstverwirklichung.
> Sudhana: Erlangt man Selbstverwirklichung, indem man Vorträgen und Diskussionen über die Prajñāpāramitā lauscht?
> Suchandra: Dem ist nicht so. Warum nicht? Weil Prajñāpāramitā das ist, was tiefen Einblick hat in die Wahrheit und Wirklichkeit aller Dinge.
> Sudhana: Ist es denn nicht so, dass Denken aus dem Hören kommt und einem durch Denken und Schlussfolgern schließlich aufgeht, was Soheit ist? Und ist das nicht Selbstverwirklichung?
> Suchandra: Dem ist nicht so. Selbstverwirklichung kommt niemals aus bloßem Hören und Denken. Ich

will es dir, Sohn aus guter Familie, an einem Gleichnis verdeutlichen. Höre zu. In einer großen Wüste gibt es kaum Quellen oder Brunnen. Im Frühjahr oder Sommer, wenn es heiß ist, kommt ein Reisender von Westen her und wandert nach Osten. Er begegnet einem Mann, der von Osten kommt, und fragte ihn: Ich habe furchtbaren Durst; bitte sagt mir, wo ich eine Quelle und kühlen, erfrischenden Schatten finde, damit ich dort trinken, baden, ausruhen und mich so recht erquicken kann. Der Mann aus dem Osten gibt dem Wanderer die gewünschte Auskunft und sagt: Wenn Ihr weiter ostwärts geht, wird sich der Weg gabeln, nach rechts und nach links. Schlagt den rechten ein, und wenn Ihr dort rüstig weitergeht, werdet Ihr gewiss zu einer schönen Quelle mit erfrischendem Schatten gelangen. Nun, Sohn aus guter Familie, glaubst du, der durstige Reisende aus dem Westen wird Linderung seines Durstes und der Hitze erfahren und erfrischt werden, wenn er nur von der Quelle und dem Schatten sprechen hört und den Gedanken fasst, so schnell wie möglich dorthin zu gehen?

Sudhana: Nein, gewiss nicht. Er kann nur Linderung des Durstes und der Hitze erfahren und erfrischt werden, wenn er, den Wegangaben des anderen folgend, tatsächlich die Quelle erreicht und aus ihr trinkt und in ihr badet.

Suchandra: So steht es auch mit dem Bodhisattva. Du wirst niemals zur Verwirklichung irgendeiner Wahrheit gelangen, indem du sie nur hörst, über sie nachdenkst und sie mit dem Verstand erfasst. Die Wüste bedeutet

Geburt und Tod; der Mann aus dem Westen steht für alle Lebewesen; die Hitze für Verblendung aller Art; Durst ist Gier und Gelüst; der Mann aus dem Osten, der den Weg kennt, ist der Buddha oder Bodhisattva, welcher, im Allwissen weilend, in das wahre Wesen aller Dinge und in die Wirklichkeit der Gleichheit eingedrungen ist; den Durst löschen und die Hitze lindern durch das Trinken aus der erfrischenden Quelle – das ist die eigene Verwirklichung der Wahrheit.

Aus dem Avatamsaka-Sūtra, *Ausgabe in 40 Faszikeln, Fas. XXXII; zitiert nach D. T. Suzuki,* Koan)

»Die eigene Verwirklichung der Wahrheit« durch jenes Erwachen, das schon den Buddha zum »Erwachten« machte – das ist es, was alle Nachfolger Buddhas letztlich suchen. Und das ist es auch, was der Begriff »Selbstverwirklichung« hier meint, nicht etwa die Verwirklichung eines »Selbst« im Sinne des von Buddha geleugneten hinduistischen Ātman. Das muss betont werden, da einige eifrige Verfechter eines »reinen Urbuddhismus« aufgrund des gelegentlichen Gebrauchs des Terminus »Selbstverwirklichung« in der Zen-Literatur einen Widerspruch zwischen dem Zen und dem »echten Buddhismus« konstruieren möchten. Sie kleben dabei an behelfsmäßigen Begriffen – anders als die Meister des Zen, die wieder und wieder aufgezeigt haben, dass alle Begriffe, die wir uns von »der Wahrheit« machen, letztlich falsch sind (seien sie nun positive oder negative Formulierungen).

Es wird ja auch durch die »Verwirklichung« des Schatzes des Auges des Wahren Dharma nicht etwa etwas wirklich gemacht, das vorher unwirklich gewesen wäre; und doch wird er erst durch das eigene Erwachen für einen jeden von uns »wirklich«. Das wird oft mit dem Gleichnis eines Schatzes erläutert, der unentdeckt im Keller unseres eigenen Hauses vergraben liegt. Solange wir diesen Schatz nicht finden und heben, können wir in diesem Haus in bitterer Armut leben, obwohl der Schatz uns doch schon längst gehört. »Wirklich« wird der Schatz für uns erst, wenn wir ihn aufdecken und gebrauchen können.

Der Spaten für das Ausgraben des Schatzes ist eben das, was der Buddha unter dem Bodhi-Baum tat: das Sitzen in Versunkenheit oder Dhyāna. Darin waren sich alle Anhänger des Dhyāna-Buddhismus in China einig, auch wenn sie sich nicht der über Huineng und Bodhidharma auf Mahākāshyapa zurückgehenden Überlieferungslinie zugehörig fühlten. In den frühen Klöstern des Dhyāna-Buddhismus fand man deshalb oft Schatzsucher aus verschiedenen Schulen, und manche der frühen Chan-Meister waren sozusagen »zu Gast« in Klöstern bereits etablierter Schulen des chinesischen Buddhismus und wirkten dort neben Meistern anderer Schulrichtungen. Die Meister gaben gelegentlich Fingerzeige, in welcher Richtung die »Quelle und der erfrischende Schatten« zu finden seien. Aber dorthin wandern, aus der Quelle trinken und in ihr baden musste ein jeder selbst und weitgehend für sich allein.

Zazen (chin. *zuochan*), wörtl. *za* = »sitzen«, *zen* = »Versunkenheit«, ist die zentrale Übung des Zen und wird dort als der direkteste Weg zur Erleuchtung angesehen. Zazen unterscheidet sich von dem, was herkömmlich als »Meditation« verstanden wird, denn Meditation ist im Allgemeinen Meditation »über« oder »auf« ein Meditationsobjekt. Meditationsobjekte sind entweder abstrakte Ideen (Vergänglichkeit, Mitgefühl usw.), Klänge oder Bilder (Mantras, Mandalas usw.) oder irgendwelche konkreten Objekte, die als Fokus der Aufmerksamkeit dienen. Das Zazen soll den Geist jedoch aus der Knechtschaft jeglicher Gedankenformen, Visionen, Dinge oder Vorstellungen befreien, wie erhaben oder »heilig« diese auch sein mögen.

Auch Hilfsmittel der Übung wie ein Kōan sind keine Meditationsobjekte im eigentlichen Sinne. Der Übende strebt vielmehr an, mit dem Kōan »eins« zu werden, einen Zustand der Versunkenheit (*samādhi*) zu erreichen, in dem es keine Subjekt-Objekt-Spaltung und damit keine »Objekte« mehr gibt. In seiner reinsten Form ist Zazen ein Zustand gedankenfreier, hellwacher Aufmerksamkeit, die auf kein Objekt gerichtet ist und an keinem Inhalt haftet (siehe Huinengs »Nicht-Verweilen«, Seite 106).

So schulten sich die Mönche in diesen Klöstern weitgehend auf sich selbst gestellt – allein in ihrer Zelle oder in einer Klause oder Höhle in der Nähe des Klosters, wie etwa der Zen-Vagabund Hanshan, der Mann vom »Kalten Berg«, der sein einsames Leben in den berühmten »Gedichten vom Kalten Berg« besingt. Dass sie oft monatelang keinen direkten Kontakt zum Abt oder Chan-Meister des Klosters hatten, war dabei offenbar keine Seltenheit.

Auch von Linji – dem Meisterschüler Huangbos, auf den die Linji-(jap. Rinzai-)Schule des Zen zurückgeht – hören wir, dass er bereits ganze drei Jahre im Kloster Huangbos weilte und »nicht beim Meister vorsprach«, ehe sein Dharma-Bruder Muzhou seine Begabung erkannte und ihn drängte, den Meister in seinem Raum aufzusuchen und nach der Essenz des Chan zu fragen. Das tat er denn auch, dreimal – nur um sich jedes Mal auf diese Frage hin Stockschläge einzuhandeln. Als Linji daraufhin voller Verzweiflung über seine Unfähigkeit, Huangbos Unterweisung zu begreifen, von diesem Abschied nahm, empfahl Huangbo ihm, seinen Kollegen Dayu aufzusuchen; der werde ihm die Sache »erklären«. Linji berichtete Meister Dayu und sagte: »Ich weiß nicht, ob ich etwas falsch gemacht habe oder nicht.« Dayu sagte: »Huangbo ist liebevoll wie eine Großmutter und hat für dich all diese Mühe auf sich genommen – und du fragst, ob du einen Fehler gemacht hast oder nicht!« Als er diese Worte hörte, erfuhr Linji ein Erwachen. Er kehrte zu Huangbo zurück, und in der Folge kam es zu einem Dharma-Gefecht zwischen den beiden, in dessen Verlauf der Meister seinerseits Schläge von seinem gerade erst erwachten Schüler einstecken musste.

Dokusan (jap., wörtl. »allein zu einem Höheren gehen«) – die Begegnung eines Zen-Schülers mit seinem Meister in der Zurückgezogenheit von dessen Raum. Dokusan gehört zu den wichtigsten Elementen der systematischen Zen-Schulung; es bietet dem Schüler die Gelegenheit, allein vor seinem Meister alle Probleme vorzubringen, die seine Übung betreffen, und dem Meister unter vier Augen den Stand seiner Übung zu demonstrieren, indem er ihm zum Beispiel das eigene Begreifen eines Kōan vorlegt. Nach der Tradition des Zen hat diese individuelle Unterweisung ihren Ursprung in den »geheimen Unterweisungen« des Shākyamuni Buddha.

Doch Schatzsucher mit einem Willen zur Wahrheit wie Huineng oder Linji waren und sind selten – oder gar mit einer Entschlossenheit wie Huike, der sich den Arm abhackte, nur um Bodhidharma von der Ernsthaftigkeit seines Strebens zu überzeugen. Hand aufs Herz: Wer von uns würde sich schon einen Arm abhacken in der Hoffnung, etwas im wahren Sinn des Wortes derart Unvorstellbares wie »Erleuchtung« zu erlangen? Ein vielversprechendes Wort, ja – aber wer weiß, ob es sich lohnt, dafür »Körper und Geist fallen zu lassen«, wie Tiangtong Rujing, der Meister des japanischen Zen-Mönchs Dōgen, es formulierte. Und noch dazu, wo uns kein echter Meister garantieren wird und garantieren kann, dass unsere Anstrengungen wirklich (in absehbarer Zeit und nicht erst in einigen Kalpas) zu dem erwünschten Ziel führen werden. Dann vielleicht doch lieber beim Altbekannten bleiben nach dem Motto »Keine Experimente«? Nicht nur im Kloster von Hongren wimmelte es von Schülern, die den Sprung ins Unbekannte nicht wagten.

Heißt das nun aber, dass uns weniger Wagemutigen der Zugang zur zentralen Erfahrung des Zen, dem Satori oder Erwachen, verwehrt bleiben muss? Nicht unbedingt – denn zum Glück haben die chinesischen Zen-Meister »geschickte Mittel« entwickelt, um auch weniger Begabte als die Chan-Meister der ersten Stunde aus der Reserve ihres Jedermannsbewusstseins zu locken.

Die Schulungs-Tricks der Chan-Meister

Eine Voraussetzung für die Entwicklung Chan-spezifischer Schulungsmethoden war das Entstehen zunehmend Chan-spezifischer Klöster. Bedeutenden Anteil daran hatte Mazus Schüler Baizhang Huaihai, der genaue Regeln für das Leben und den Tagesablauf in einem Zen-Kloster aufstellte – Regeln, die ganz auf die Erfordernisse der Schulung auf dem Weg des Zen abgestimmt waren. Im Wesentlichen werden diese Regeln bis zum heutigen Tag in Klöstern der Zen-Tradition befolgt.

Eine dieser Regeln, die schon Daoxin, der Vierte Patriarch, für das Zusammenleben seiner etwa 500 Anhänger aufgestellt hatte und die sich bald als sehr segensreich für die Erhaltung des Chan erweisen sollte, formulierte Baizhang in dem berühmten Satz: »Ein Tag ohne Arbeit, ein Tag ohne Essen.« Bis dahin war es den buddhistischen Mönchen im Allgemeinen durch die vom indischen Sangha übernommenen Regeln untersagt, sich um materielle Belange zu kümmern. Die Klöster lebten von Almosen der Laien, Spenden reicher Gönner und nicht zuletzt von Zuwendungen der Herrscher, die sich davon – wie der Kaiser Wu von Liang – ein gutes Karma erhofften oder die, wie im alten China nicht selten, sich selbst zu den Schülern großer buddhistischer Meister zählten.

Die Chan-Klöster wurden nun aber zunehmend zu selbstversorgenden Gemeinschaften, die ihren Lebensunterhalt durch eigener Hände Arbeit sicherstellten. Eine berühmte Episode aus dem Kloster Baizhangs zeigt, wie ernst der Meister selbst die von ihm aufgestellten Regeln nahm. Als die Mönche einst die Gerätschaften ihres schon hochbetagten Meisters für die Feldarbeit versteckten, da sie fürchteten, er könne für die schwere Arbeit langsam zu gebrechlich sein, verweigerte er das Essen. Erst als die Geräte wieder auftauchten und er wie zuvor an der Feldarbeit teilnehmen konnte, aß er auch wieder. Diese Einstellung und die Selbstständigkeit der Chan-Gemeinschaften, die sich zudem meist in ländlicher Umgebung fernab der Zentren der Staatsmacht (oft auf einem Berg, dessen Namen dann auf den Gründervater überging) niederließen, trug entscheidend dazu bei, dass das Chan die große Buddhistenverfolgung unter Kaiser Wuzong (Regierungszeit 841–846) besser überstand als die anderen buddhistischen Schulen in China und in der Folgezeit zur dominierenden buddhistischen Tradition in China wurde.

Aber so hilfreich der geregelte Tagesablauf in einem Zen-Kloster als Fundament für die geistige Schulung auch ist, die entscheidende Entwicklung muss doch im Geist jedes einzelnen Übenden ablaufen. Um diesen Ablauf zu stützen und zu beschleunigen, ließen sich die alten Chan-Meister eine Reihe genialer Tricks einfallen. Anfangs waren diese Gesten sicher keine bewusst eingesetzte Methode, sondern absichtslose, aus der jeweiligen Situation erwachsende spontane Handlungen. Mazus Schreie, Tritte und Hiebe waren nur die spektakulärsten davon. Andere Mittel, dem störenden diskursiven Denken, das unser Jedermannsbewusstsein aufrechterhält, wenigstens für Sekunden – oft *die* entscheidenden Sekunden – Einhalt zu gebieten und damit das Durchbrechen von etwas ganz anderem zu ermöglichen, waren zum Beispiel überraschende

»Mönche beim Bettelgang«, von Nantembō Tōjū, Japan 1839–1925. Während die buddhistischen Mönche in Indien von Spenden lebten, betrieben die Mönche in den späteren chinesischen Zen-Klöstern Ackerbau und lebten weitgehend autark. Trotzdem wurde der Bettelgang als spirituelle Disziplin, die die wechselseitige Abhängigkeit aller Wesen erfahrbar macht, beibehalten. Interessant ist, dass dabei nicht der Mönch dem Spender, sondern der Spender dem Mönch dankt – dafür, dass er ihm Gelegenheit gibt, eine gute Tat zu tun und Selbstlosigkeit zu üben.

(Sammlung Manyō-an)

wortlose Gesten, etwa mit dem traditionellen Fliegenwedel. Oder der Meister rief, wie ebenfalls von Mazu eingeführt, plötzlich und unerwartet den Namen des Schülers aus, wenn dieser sich gerade zum Gehen umgewandt hatte. Die meisten Menschen reagieren augenblicklich und gedankenlos, wenn ihr Name fällt; wir alle haben diese Erfahrung schon einmal gemacht, wenn jemand, der einen ganz anderen Menschen meint, auf der Straße oder in einer anonymen Menschenmenge unseren Vornamen ruft. Wandte sich der Schüler dann spontan um, schleuderte der Meister ihm ein »Was ist das!« entgegen.

Um ihre Schüler aus dem Schlaf ihres Jedermannsbewusstseins aufzurütteln, warfen die Zen-Meister ihren Schülern auch paradoxe Antworten auf deren dringliche Fragen nach dem Wesen der Zen-Erfahrung an den Kopf:

Ein Mönch fragte Shitou: »Warum kam der Erste Patriarch aus dem Westen?«
Shitou sagte: »Frag den Tempelpfeiler dort!«
Der Mönch sagte: »Das verstehe ich nicht.«
Shitou entgegnete: »Ich verstehe auch nicht.«

Der Laie Pang fragte Mazu: »Was für ein Mensch ist das, der unter allen Dingen kein Gegenstück hat?«
Mazu sagte: »Wenn du die Wasser des Westflusses mit einem Schluck ausgetrunken hast, werde ich es dir sagen.«
Bei diesen Worten begriff Pang Yun urplötzlich das Wesen des Chan.

Ein Mönch fragte Meister Zhaozhou: »Wer ist der Buddha?«
Zhaozhou sagte: »Der da im Schrein.«
Der Mönch fragte: »Ist das nicht nur eine Lehmfigur, die da im Schrein sitzt?«
»Ja, das stimmt.«
»Aber wer ist dann der Buddha?«
Zhaozhou erwiderte: »Der da im Schrein!«

Ein Mönch fragte: »Wenn alle Dinge zum Einen zurückkehren, wohin kehrt dann das Eine zurück?«
Meister Zhaozhou entgegnete: »Als ich mich in Jingzhou aufhielt, habe ich mir ein Gewand gemacht, das wog sieben Pfund.«

Paradox waren diese Angelhaken der Chan-Meister deshalb, weil sie unmittelbar aus dem erleuchteten, nicht dualistischen Bewusstsein der Meister entsprangen und deshalb mit den Mitteln des diskursiven Denkens, das sich immer im Bereich der Dualität bewegt, nicht zu verstehen waren … und zu verstehen sind. Sie waren Aufforderungen, an diesen Köder aus einer anderen Bewusstseinsdimension anzubeißen und, an der Leine des Meisters zappelnd, auf eine andere Ebene des Begreifens zu springen – in die offene Weite des erleuchteten Bewusstseins.

Als »gültige« Antwort oder Reaktion auf diese Aufforderungen wurden denn auch nur solche Erwiderungen akzeptiert, die der Herausforderung auf ihrer Ebene begegneten:

Eines Tages trat Meister Mazu vor die versammelten Mönche und verharrte für eine Weile in Schweigen. Baizhang rollte die Matte vor seinem Sitz zusammen. Daraufhin verließ der Meister die Mönchshalle.

Als Caoshan seinen Abschied von Dongshan nahm, fragte der ihn: »Wohin willst du gehen?«
»Ich gehe dorthin, wo es keine Veränderung gibt.«
»Wie willst du dorthin gehen, wo es keine Veränderung gibt?«
»Mein Gehen ist keine Veränderung.«

Meister Caoshan fragte einmal einen Mönch, was er da gerade tue. Der Mönch antwortete: »Ich fege den Boden.«
Der Meister fragte weiter: »Fegst du vor dem Buddha oder hinter dem Buddha?«
Der Mönch antwortete: »Ich fege beide Stellen zugleich.«
Darauf sagte Caoshan: »Bring mir meine Pantoffeln her.«

Als Meister Weishan einmal im Bett lag, kam Yangshan herein, um mit ihm zu sprechen, doch der Meister drehte sein Gesicht zur Wand. Yangshan sagte: »Wie könnt ihr das tun?«
Der Meister erhob sich und sagte: »Vor wenigen Augenblicken hatte ich einen Traum. Willst du nicht versuchen, ihn für mich zu deuten?«

Daraufhin brachte Yangshan eine Schüssel mit Wasser, damit der Meister sich das Gesicht waschen konnte.
Ein wenig später kam auch Xiangyan, um mit dem Meister zu sprechen.
Der Meister sagte: »Ich hatte gerade eben einen Traum. Yangshan hat ihn mir bereits gedeutet. Jetzt bist du an der Reihe.«
Xiangyan brachte ihm eine Schale Tee. Der Meister erklärte: »Die Einsicht von euch beiden übertrifft sogar noch die Shāriputras [der klügste unter den Lieblingsschülern Buddhas].«

Die Entgegnung auf die Herausforderung eines Zen-Meisters muss ebenso unmittelbar und spontan erfolgen wie diese selbst – alles Ausgedachte wurde und wird von einem authentischen Meister sofort durchschaut und zurückgewiesen:

Yunyan kam Meister Guizong besuchen. Guizong machte eine Geste, als ziele er mit gespanntem Bogen auf ihn. Nach einer längeren Pause tat Yunyan so, als ziehe er ein Schwert. Guizong sagte: »Zu spät!«

Meister Muzhou hörte von einem alten Chan-Meister, der sich absolut unnahbar gab. Der Meister ging ihn besuchen. Als der alte Chan-Meister Muzhou in sein Zimmer eintreten sah, schrie er sofort sein »Ho!«
Muzhou gab ihm mit der Hand einen Klaps und sagte: »Nichts als Nachahmung!«

Kalligraphie des Schriftzeichens »Mond«, von Gesshū Sōko, Japan 1618–1696. Der Mond symbolisiert im Zen die Erleuchtung oder den absoluten Aspekt der Wahren Wirklichkeit, während die Spiegelung des Mondes im Wasser oder in den zahllosen Tautropfen die »Spiegelung« des Absoluten in der Welt der Erscheinungen ist. Zusammen mit der Inschrift auf der linken Seite ergibt sich der Satz: »Der Mond weiß nicht um sein helles Scheinen im Herbst«; dies ist ein Hinweis darauf, dass eine ihrer selbst bewusste Erleuchtung noch nicht die wahre Erleuchtung ist.

(Wright Collection)

Der Meister Dongshan Liangjie sagte einmal zum Abt Tai: »Da gibt es etwas, das nach oben hin den Himmel abstützt und unterwärts die Erde aufrecht hält. Es ist fortwährend in Tätigkeit und schwarz wie Teer. Ist daran irgendetwas falsch?«
Der Abt entgegnete: »Der Fehler liegt in seiner Tätigkeit.«
»Mach, dass du wegkommst!«, schrie ihn der Meister an.

Ein Mönch kam zu Besuch bei Meister Muzhou.
Muzhou fragte ihn: »Bist du nicht einer von den Mönchen, die im Land umherwandern?«
Der Mönch sagte: »Ja.«
Der Meister fragte: »Hast du dich schon vor der Buddha-Statue verbeugt?«
Der Mönch entgegnete: »Warum sollte ich mich vor einem Lehmklumpen verbeugen?«
Der Meister rief aus: »Verschwinde und gib dir selbst eine Tracht Prügel!«

Ja, auch damals gab es schon »Theater-Zen« – nicht im Sinne der Dorfkomödie des alten Shākya oder der spontanen Slapstick-Inszenierungen der Chan-Meister, sondern im Sinne der bloßen Nachahmung »dramatischer« Gesten. Wer, wie der Mönch im letzten Beispiel, von Meistern gehört hat, die ihren Schülern empfahlen, »den Buddha zu töten«, wenn sie ihm begegnen sollten, von Meistern, die nicht zögerten, eine hölzerne Buddha-Statue als Feuerholz zu nehmen, wenn ihnen kalt war, oder die auf die Frage

»Was ist Buddha?« antworteten: »Ein Stück getrocknete Scheiße«, der mag »Warum soll ich mich vor einem Lehmklumpen verbeugen?« für eine ausgesprochen »zennige« Antwort halten.

Nicht Bildersturm, nicht Showeffekt

Zen ist allerdings kein bloßer Ikonoklasmus. Die Chan-Meister waren nicht nur bestrebt, im Bewusstsein ihrer Schüler alle Abbilder, die sich zwischen sie und die Wirklichkeit schieben konnten, zu zerschlagen; es ging ihnen nicht nur darum, alle begrifflichen Vorstellungen von etwas »Heiligem« oder »Erhabenem«, das außerhalb, jenseits, hinter oder *über* der alltäglichen Wirklichkeit als das »Eigentliche« existiert, hinwegzufegen. Wichtiger war ihnen noch, ihre Schüler zu der Erfahrung zu geleiten, dass das Heilige, das Wesentliche, die Buddha-Natur sich in jedem Augenblick in jedem Ding vollkommen offenbart und dass, wie Hongren sagte, »jedes Ding von Natur aus die ganze Wahrheit verkörpert«.

Der Buddha, nach dem der Mönch (siehe S. 150) Meister Zhaozhou fragt, ist nur eine Vorstellung, ein Abbild, und so charakterisiert Zhaozhous erstes »Der da im Schrein« auch zuerst einmal die beschränkte, begriffliche Sichtweise des Mönchs. Doch als der Mönch nachhakt, betont Zhaozhou mit dem zweiten »Der da im Schrein« in seiner großmütterlichen Güte noch einmal den anderen Aspekt seiner genialen Antwort. Der Text verrät uns nicht, ob der Mönch diesen lebendigen Buddha daraufhin zu »begreifen« vermochte.

Der wandernde Mönch, der zu Meister Muzhou kommt (siehe S. 153) hatte ihn offenbar nicht begriffen, und so versteht er auch nicht, dass der Meister ihn nicht etwa danach fragt, ob er beim Eintreffen im Kloster der rituellen Form der Niederwerfung vor dem Buddha-Bildnis entsprochen habe, sondern dass er mit seiner Frage den Stand der inneren Entwicklung des Neuankömmlings auslotet. Also kann der Mönch auch nicht aus lebendiger Zen-Erfahrung heraus antworten und zieht »Hörensagen« heran, eine nach seinem Verständnis »zennige« Antwort, mit der er über sein Nichtverstehen hinwegzutäuschen versucht.

Aber da ist er bei Muzhou an der falschen Adresse, der lässt sich nicht so leicht täuschen. Wer unwissend ist und nicht um seine Unwissenheit weiß, der wird wohl kaum bei einem Zen-Meister vorsprechen. Wer unwissend ist und um seine Unwissenheit weiß, der mag als aufrichtiger Schatzsucher bei einem Meister anklopfen – und dieser mag dann die Güte besitzen, ihn mit Stockschlägen davonzujagen, wenn es das ist, was dieser Suchende in diesem Augenblick braucht. Doch wer kommt, um eine Show abzuziehen, um so zu tun, als wisse er, obwohl er unwissend ist – an dem will Muzhou nicht einmal seinen Stock schmutzig machen. So empfiehlt er dem Mönch, der sich nicht vor dem Buddha-Wesen (seiner eigenen Buddha-Natur) in Form eines Lehmklumpens niederwerfen kann, *sich selbst* eine Tracht Prügel zu verpassen. Sie konnten schon recht hart mit Nachahmern umspringen, die alten Meister.

Doch sieht man einmal ab von den falschen Fuffzigern – was ließe sich denn für jene Schatzsucher tun, die in aller Aufrichtigkeit nach dem Schatz des Auges des Wahren Dharma suchten, die aber nicht von dem unbändigen Willen zur Wahrheit der frühen Chan-Meister angetrieben waren, welcher dazu führte, dass sie nur noch eines kleinen Anstoßes bedurften, um zur erleuchteten Sicht durchzubrechen? In allen Schulen des Buddhismus und besonders im Dhyāna-Buddhismus ist das grundlegende und unverzichtbare Hilfsmittel der inneren Reifung die Meditation, die im Zen in ihrer essenziellen Form, dem »Sitzen in Versunkenheit«, geübt wird. Sie ist der Nährboden, die Sonne und die Feuchtigkeit, welche die Frucht des Geistes reifen lassen. Dieser Reifungsprozess kann je nach Veranlagung des Einzelnen jedoch so langsam ablaufen, dass angesichts der Kürze der Zeit, die uns in dieser kostbaren Inkarnation als Menschenwesen zur Verfügung steht, ein wenig »Dünger« zur Beschleunigung des Prozesses sehr hilfreich sein kann.

Als den effektivsten dieser Wachstumsbeschleuniger entwickelten die Chan-Meister in der Nachfolge der Pioniere und Neuerer wie Mazu, Shitou oder Baizhang den Gebrauch des *Gongan* (jap. *Kōan*), jenes korfschen Zen-Witzes (siehe S. 59) mit verzögerter Zündung, dessen Pointe uns erst in der tiefsten Nacht unseres Jedermannsbewusstseins aufgeht.

Tausend Leben, zehntausend Tode –
wie lange soll das währen?
Geburt und Sterben, Kommen und Gehen –
von Verblendung in Dunkelheit.
Sie sehen nicht in ihrem Herzen
das unschätzbare Juwel,
Sind immer noch wie blinde Esel,
trotten ergeben dahin!

Hanshan, »Gedichte vom Kalten Berg«

8

Die Schranke der Patriarchen oder: Kōan-Praxis und der Sprung in den Abgrund des Nichtwissens

Ich habe nichts zu sagen – und ich sage es.
John Cage

»(Dein) Herz-Geist als solcher (ist) Buddha als solcher«, Kalligraphie von Dankei Shinryō, Japan 1301–1374. Eine Kernaussage des Zen, die sich unter anderem in einem berühmten Kōan mit Meister Mazu, dem »Patriarchen Ma«, findet. Es lautet: Damei fragte Mazu: »Was ist Buddha?« Mazu sagte: »Herz Geist als solcher, Buddha als solcher.«

Wumenguan,
30. Beispiel

(Sammlung Kitamura Matazaemon, Kyōto)

»Tausend Leben, zehntausend Tode – wie lange soll das währen?« Wer wie Hanshan und unzählige Menschen vor und nach ihm von dieser Frage umgetrieben ist und sich einen Ausweg aus Samsāra, dem »Kreislauf von Geburt und Tod«, ersehnt, der mag wie einst der Prinz Siddhārtha zu einem Suchenden auf dem inneren Pfad werden. Wie wir zu Anfang sagten, ist der Werdegang des Buddha, des Erwachten, in vieler Hinsicht paradigmatisch, also vorbildhaft für den Weg der Befreiung.

Die meisten Suchenden versuchen zuerst einmal mithilfe von Philosophien, Praktiken und Methoden an ihr ersehntes »Ziel« zu gelangen. Und nicht wenige von ihnen sind bald so in eines dieser Hilfsmittel verliebt, dass es für sie zum Selbstzweck und damit letztlich zu einem gravierenden Hindernis für die Verwirklichung der Befreiung wird. Man kann sein ganzes Leben mit dem Studium spiritueller Lehren, von Philosophien, Systemen, Theo- und Buddhologien verbringen, man kann auch zu einem Superpraktiker und Rekordmeditierer werden, ohne jemals an den Punkt zu kommen, ganz allein und ohne Krücken zu stehen – und damit an jenen Punkt, in dem das Zen beginnt.

Die wahrscheinlich bitterste Erfahrung des suchenden Siddhārtha, dass nämlich nichts, aber auch rein gar nichts, was wir denken oder tun können, uns die Befreiung bescheren kann, blieb kaum je einem Suchenden erspart, der tatsächlich zur Befreiung gelangte. Und das nicht selten nach etlichen Jahren der Suche und der geistigen Schulung, in denen der Suchende vieles geopfert und alles Menschenmögliche »getan« hat, um sein Ziel zu erreichen.

Muss das nicht entsetzlich sein? Muss das den Suchenden nicht in tiefste Verzweiflung stürzen? Das hat es oft genug getan – und oft genug war es gerade diese dunkle Nacht der Seele, dieser Zustand vollkommener Verzweiflung, der einem Durchbruch zur erleuchteten Sicht vorausgegangen ist.

Wir Menschen sind nun einmal so gestrickt, dass wir das letzte Opfer – nämlich *alles* loszulassen, woran wir uns festhalten, alle Furcht *und* alle Hoffnung, *alles* fahren zu lassen, was wir vermeinen tun zu können und glauben zu sein, und in den Abgrund des Nichtwissens zu springen – gewöhnlich erst in der allergrößten inneren Not zu bringen bereit sind … Wir können aber auch schlichtweg an den Punkt gelangen, wo wir einfach zu erschöpft, zu mutlos sind, um noch irgendetwas machen, wollen und sein zu können, wo wir »Körper und Geist fallen lassen«, sie uns entgleiten, weil wir einfach nicht mehr die Kraft haben, sie noch länger festzuhalten.

Das erbarmungslose Erbarmen der Meister

In dem Wissen, wie entscheidend dieser Zustand der Verzweiflung als Sprungbrett zur Erfahrung eines Durchbruchs sein kann, entschlossen sich immer mehr der auf Mazu & Co. folgenden Meister des Chan aus tiefem Erbarmen für die Mönche, die sich ihrer Führung anvertraut hatten, diese in die totale Verzweiflung zu treiben. Das geschickte Mittel, mit dem sie das zuwege brachten, war das

Gongan (Kōan), was im Chinesischen ursprünglich einen juristischen Präzedenzfall bezeichnete.

Als solche Präzedenzfälle zogen die Meister Aussprüche und Episoden aus dem Leben früherer Zen-Meister heran, gelegentlich auch paradoxe Formulierungen aus einem Sūtra. Das Wesentliche eines Kōan ist eben dieses paradoxe, »jenseits des Denkens« liegende Element. Der Meister fordert den Schüler auf, sein Verständnis dieses Präzedenzfalls zu demonstrieren – aber das Kōan lässt sich eben nicht »verstehen«. Damit bringt der Meister den Schüler in eine unmögliche Lage, er fordert etwas von ihm, das der Schüler mit allen ihm bisher bekannten Mitteln und Fähigkeiten nicht leisten kann. Der Meister behauptet und weiß aus eigener Erfahrung, dass es eine »Lösung« gibt, und er insistiert »erbarmungslos« darauf, sie vom Schüler präsentiert zu bekommen, in Wort und/oder Tat. Er erzählt ihm einen »Witz«, und er lässt die Pointe offen – denn sie zu verraten würde den Schüler um jenen kostbaren Moment bringen, in dem ihm die Pointe in einer plötzlichen inneren Explosion des Begreifens selbst aufgeht und er mit einem befreiten Lachen zu einer neuen Sicht durchbricht.

Wir sprachen zuvor schon von der Barriere des Jedermannsbewusstseins, die uns den Zugang zur erleuchteten Dimension des Begreifens versperrt. Diese Barriere ist ein unübersehbares Gewirr von Ideen, Meinungen, Vorstellungen, Begriffen, Gewohnheiten und dualistischen Gedanken und Gefühlen – ein riesiger Wall von Felsbrocken und Geröll, in dem das Rinnsal unserer normalen meditativen Bemühungen zumeist einfach versickert, mögen wir es durch regelmäßiges Zazen auch noch so lange fließen lassen. Es ist nicht kräftig genug, die Barriere, die uns die Sicht versperrt, wegzuspülen. Aber auch das kleinste Rinnsal kann mithilfe eines geschickten Mittels zu einer machtvollen Flut anwachsen – indem man einen Staudamm baut, dem Willen zur Wahrheit eine undurchdringliche Schranke entgegenstellt. Das Kōan ist ein solcher Staudamm, und es wird im Zen tatsächlich die »Schranke der Patriarchen« genannt.

Beispielen für solche Schranken sind wir im letzten Kapitel bereits begegnet. Im Grunde eignete sich jeder Ausspruch oder jede Handlung, die unmittelbar dem nondualen Bewusstsein, dem erleuchteten Gewahrsein entspringt, zum Kōan. Denn der wesentliche Kern, die Pointe dieses Präzedenzfalls, lässt sich nur begreifen (womit hier ein tatsächliches, geradezu sinnlich erfahrenes Berühren, Ergreifen, in den Griff bekommen gemeint ist, im Gegensatz zu einem bloß intellektuellen »Verstehen«), wenn man aus dem dualistischen Jedermannsbewusstsein auf die Ebene der non-dualen Erfahrung springt.

Trotzdem gibt es Präzedenzfälle, die sich besonders gut als »Schranke der Patriarchen« eignen und die nunmehr seit Hunderten von Jahren zur Schulung von Schatzsuchern im Zen angewendet werden. Sie wurden seit dem 12. Jahrhundert in als Manuale der Zen-Schulung gedachten Kōan-Sammlungen zusammengestellt und hier oft mit Hinweisen, Randbemerkungen, Darlegungen und »Lobgesängen« der Kompilatoren versehen, welche selbst wiederum oft ein Kōan sind oder eines enthalten. Die Sammlungen *Wumenguan* (jap. *Mumonkan*), *Biyanlu* (jap. *Heki-*

ganroku) und *Congronglu* (jap. *Shōyōroku*) sind nur die bekanntesten dieser Kōan-Sammlungen; es gibt darüber hinaus noch etliche andere, *auch* aus der Tradition der Caodong-(jap. Sōtō-)Schule des Zen, die angeblich nicht mit Kōan arbeitet. Hier folgen einige typische Beispiele von solchen »Schranken« aus der Kōan-Sammlung, die bezeichnenderweise »Die Schranke ohne Tor« (*Wumenguan*) heißt:

> Meister Xiangyan sagte:
> »Es ist wie mit einem Mann auf einem Baum: Mit dem Mund hängt er an einem Zweig, die Hände fassen keinen Ast, die Füße erreichen keinen.
> Unter dem Baum steht ein Mann und fragt ihn nach dem Sinn des Kommens aus dem Westen. Wenn er nicht antwortet, so vernachlässigt er die Frage des anderen. Antwortet er aber, so verliert er Leib und Leben. Was sollte er antworten in solchem Augenblick?«

> Einst bat ein Mönch Meister Caoshan: »Qingshui ist einsam und arm. Ich bitte Euch, Meister, helft mir!«
> Caoshan sprach: »Āchārya Qingshui!«
> Qingshui antwortete: »Ja!«
> Caoshan sprach: »Einer hat drei Glas vom vortrefflichen Wein des Hauses Bai getrunken, aber er sagt, er habe seine Lippen noch nicht angefeuchtet.«

Zhaozhou kam zu einem Einsiedler und fragte: »Bist du da? Bist du da?«
Der Einsiedler hob die Faust.
Zhaozhou sprach: »Das Wasser ist seicht, hier kann kein Schiff ankern«, und er ging fort.
Er kam zu einem anderen Einsiedler und fragte wieder: »Bist du da? Bist du da?«
Auch dieser Einsiedler hob die Faust.
Zhaozhou sprach: »Du gibst frei, du nimmst frei, du tötest frei, und du machst frei lebendig«, und er verneigte sich.

Einst fragte ein Mönch Meister Dongshan: »Was ist der Buddha?«
Dongshan sprach: »Drei Pfund Hanf.«

Meister Songyuan sprach: »Wie kommt es, dass ein Mensch von großer Kraft nicht die Füße heben und aufstehen kann?«
Und wiederum sprach er: »Er spricht, ohne die Zunge zu bewegen.«

Meister Shishuang sprach: »Wie kann einer über die Spitze einer hundert Fuß hohen Stange hinaus noch vorwärtsschreiten?«

Die Übung mit einem Kōan beginnt zunächst ganz harmlos. Der Schüler soll sich in die Betrachtung des Kōan versenken und auf die darin enthaltenen Fragen antworten oder den »Knackpunkt« des Kōan in Wort und Tat demonstrieren. Der Schüler, der bisher keinen anderen Weg des Begreifens kennt als seinen Verstand, versucht natürlich zunächst, das Kōan mit seinem diskursiven Denken zu erfassen, und gibt alle möglichen Antworten »aus dem Kopf«. D. T. Suzuki sagt dazu:

> Die Methode der Kōan-Übung … besteht darin, durch bloße Willenskraft alle Spuren des diskursiven Verstandes auszulöschen, wodurch die Zen-Schüler ihr Bewusstsein dafür vorbereiten, den geeigneten Boden für das Hervorbrechen intuitiven Wissens abzugeben. Sie suchen sich ihren Weg durch einen Wald von Vorstellungen, die sich wie dichtes Rankenwerk in ihren Geist hineindrängen …

Aber alle aus Vorstellungen, aus dem Denken erwachsenden Antworten werden vom Meister rigoros beiseitegewischt: »Nichts da! Was ist die Pointe deines Kōan?« Noch einmal Suzuki:

> Mit kühler Vernunft und metaphysischer oder erkenntnistheoretischer Analyse ist hier also offenbar kein Weiterkommen; es bedarf vielmehr eines verzweifelten Willens, die unüberwindliche Schranke zu durchbrechen, eines Willens, der von einer Kraft angetrieben wird, über die wir nichts wissen.

Wenn alle aus dem Verstand kommenden Erklärungen erschöpft sind, beginnt sich diese Kraft langsam anzusammeln; die von der Schranke der alten Meister angestaute Flut beginnt zu steigen, der innere Druck, der nach einer Lösung verlangt, nimmt zu. Nun beginnt der Schüler vielleicht zu raten, hilflos im Nebel herumzustochern, oder er verstummt in tiefer Verwirrung oder weil er nun glaubt, die Antwort läge im Schweigen. Aber der Meister *fordert* eine Antwort.

Langsam wird die Frage quälend, lässt den Schüler nicht mehr los. Immer wieder rennt er gegen das Kōan an, das wie eine undurchdringliche »Eisenwand« vor ihm aufragt; immer wieder versucht er, die Barriere zu übersteigen, doch sie ist wie ein »Silberberg«, auf dessen glatten Steilhängen sein Fuß keinen Halt findet. Meister Dahui beschreibt dieses Stadium seiner eigenen Kōan-Übung folgendermaßen: »Ich bin in der Lage eines Hundes, der vor einem Fettsiedetopf steht: Er kann nicht davon lecken, wie sehr er es auch möchte, noch bringt er es über sich, dem Topf den Rücken zu kehren.« Und um Übende noch weiter anzutreiben, rät der japanische Meister Shōichi Kokushi ihnen:

> Sieh dich selbst am Grund eines tiefen alten Brunnenschachtes. Du wirst nur einen einzigen Gedanken haben: wie du herauskommst. Du wirst mit verzweifelter Anstrengung einen Ausweg suchen. Vom Morgen bis zum Abend wird dieser Gedanke dein ganzes Bewusstsein beherrschen.

Wenn dieses Stadium der Übung erreicht ist, beginnt die Lösung des Kōan allmählich eine existenzielle Bedeutung anzunehmen, sie wird wie das Entrinnen aus dem Brunnenschacht zu einer Frage von Leben und Tod. Der Schüler meint geradezu an der Frage zu ersticken; mit zunehmend verzweifelter Anstrengung ringt er nach der Luft des Begreifens, doch das Kōan steckt ihm im Hals »wie eine rot glühende Eisenkugel, die er nicht ausspucken kann«.

All diese Bilder sind nicht nur schöne Metaphern, sie sind Ausdruck der ganz konkreten Qualen, die mit einem Kōan Übende erfahren haben. Und als hätten sie einen sadistischen Spaß an der Qual ihrer Schüler, treiben die Meister sie immer tiefer in diese abgrundtiefe Not, diese schier unerträgliche Verzweiflung hinein. Sie wissen, dass nur in dieser tiefen Not die inneren Ressourcen aktiviert werden, die dem Schüler den Durchbruch zum erleuchteten Begreifen ermöglichen, dass nur der bis ins schier Unerträgliche gesteigerte Drang der Fluten hinter dem Staudamm der »Schranke der Patriarchen« die Barriere des Jedermannsbewusstseins hinwegspülen kann – wenn die Schranke aufbricht und die Fluten freigibt.

»Lächelnder Frosch«, von Sengai Gibon, Japan 1750–1838. Die Kalligraphie auf diesem Bild lautet »Wenn man durch Sitzen zum Buddha werden könnte ...« Sengai karikiert damit eine zielorientierte, mechanistische Auffassung der Übung von Zazen, die zu einem großen Hindernis für echte Verwirklichung werden kann. In verschiedenen Zen-Kōan wird immer wieder auf unterschiedliche Weise die Frage angesprochen: Warum kann man nicht durch Übung zum Buddha werden?

(Idemitsu Museum, Tōkyō)

Von der dunklen Nacht der Seele zum hellen Licht des Begreifens

Als eines der wirksamsten Hilfsmittel, um Zen-Schüler zu einer ersten Erleuchtungserfahrung zu führen (der meist noch viele weitere folgen müssen, welche diese erste Erfahrung vertiefen und ausweiten), hat sich das berühmte »Kōan Mu« erwiesen:

> Ein Mönch fragte Zhaozhou in allem Ernst: ›
> »Hat ein Hund Buddha-Natur, oder nicht?«
> Zhaozhou sagte: »Wu« [jap. »Mu«].

»Wu« ist eine Verneinung und heißt im normalen Sprachgebrauch so viel wie »nein«, »nicht«, »kein«, »Nichts«, »ist nicht«, »hat nicht«. Aber wie der Übende im Verlauf des Ringens um die Lösung des Kōan herausfindet, hat »Wu« hier nicht diesen buchstäblichen Sinn. In seiner Darlegung zu diesem Kōan weist der chinesische Meister Wumen Huikai, der Kompilator des *Wumenguan*, nicht nur darauf hin, wie man mit dem Kōan Mu (und anderen Kōan) üben sollte, sondern er fasst auch den inneren Prozess des Ringens um die Pointe des Kōan bis zu seiner Lösung zusammen:

> Für die Übung des Zen ist es unerlässlich, dass du die von den Patriarchen aufgerichtete Schranke durchdringst. Damit du die unfassbare Verwirklichung erreichen kannst, ist es von größter Wichtigkeit, dass du den Weg des Denkens abschneidest. Durchdringst du die

Schranke der Vorfahren nicht, schneidest du den Weg
des Denkens nicht ab, dann bist du ein Geist, der sich an
Büschen und Gräsern festklammert.

Was ist die Schranke der Patriarchen? Es ist dieses eine
Wort »Wu« – die eine Schranke unseres Glaubens. Wir
nennen sie die »Torlose Schranke des Zen«. Wenn du
diese Schranke durchdringst, wirst du dich nicht nur in
intimem Gespräch mit Zhaozhou finden. Du wirst Hand
in Hand mit all den alten Meistern in den aufeinander-
folgenden Generationen unserer Überlieferungslinie
gehen – das Haar deiner Augenbrauen in das ihrer
Brauen verwoben, mit denselben Augen sehend, mit
denselben Ohren hörend. Wäre das nicht die Erfüllung?
Gibt es da irgendjemanden, der diese Schranke nicht
durchdringen möchte?

Also dann: Mache deinen ganzen Körper zu einer einzigen Zweifelsmasse und konzentriere dich mit deinen 360
Knochen und Gelenken und deinen 84 000 Haarporen
auf dieses eine Wort »Wu«. Grabe dich Tag und Nacht in
es hinein. Halte es nicht für »Nichtsein«. Denke nicht in
Begriffen von »hat« oder »hat nicht« davon. Es ist, als
hättest du eine rotglühende Eisenkugel verschluckt; du
versuchst sie herauszuwürgen, doch vermagst es nicht.
Allmählich läuterst du dich selbst und beseitigst irriges
Wissen und falsche Anschauungen, die du seit Urzeiten
hegst. Innen und außen werden eins. Du bist wie ein
Stummer, der einen Traum gehabt hat – du kennst ihn
nur für dich allein.

Plötzlich bricht Wu auf. Der Himmel ist erstaunt, die
Erde wird erschüttert. Es ist, als hättest du das große

[unbesiegbare] Schwert des Generals Guan an dich gerissen. Triffst du den Buddha, tötest du den Buddha. Triffst du Bodhidharma, tötest du Bodhidharma. Am Rande des Abgrundes von Leben-und-Tod findest du die Große Freiheit. In den Sechs Welten und Vier Arten der Geburt genießt du den Samādhi unbekümmerten Spiels. Wie also solltest du damit umgehen? Erschöpfe all deine Lebenskraft in diesem einen Wort »Wu«. Wenn du keinen Augenblick nachlässt, dann ist es getan. Ein einziger Funke entzündet deine Dharma-Kerze.

Wumenguan, *1. Beispiel, nach der englischen Übersetzung von Robert Aitken*

Mit der Entzündung dieser Dharma-Kerze durch »einen Funken« sitzt der Zen-Übende Hand in Hand mit Buddha unter dem Bodhi-Baum und erfährt die Entzündung von dessen Dharma-Kerze durch das Blinken des Morgensterns, um mit denselben Augen zu sehen, denselben Ohren zu hören. Wieder einmal hat sich der Kreis geschlossen und ein Mensch ist in den dimensionslosen Punkt der Übermittlung des Auges des Wahren Dharma eingetreten. Wo also ist er angekommen? An dem Punkt, wo – wie die alten Meister betonen – die Zen-Schulung *nun wirklich beginnen kann.*

Grüner Wildbach – klar der Quelle Wasser.
Kalter Berg – weiß des Mondes Hof.
Schweigende Erkenntnis, der Geist von
selbst erleuchtet,
Die Leere schauend, geht Wahn in Stille
über.

Hanshan, »Gedichte vom Kalten Berg«

Nachspiel oder: Zen im Westen

> Es gibt nichts Gutes, außer man tut es.
> *Erich Kästner*

Mit der Entwicklung der geschickten Mittel der Zen-Schulung durch die Chan-Meister im China der Tang- und Song-Zeit hatte das Zen seine volle Ausprägung erreicht. Alle weiteren Entwicklungen innerhalb der Welt des Zen sind nur »Fußnoten« zu diesem Goldenen Zeitalter des Zen. Aber wie in der reifen Frucht bereits das Fallen vom Baum und das Verrotten in der Erde angelegt sind, zeigten sich in dieser Blütezeit auch schon die ersten Zeichen des Verfalls. Und wie aus der verrottenden Frucht der Keim der neuen Pflanze emporsprießt, hat es nach dem Niedergang des chinesischen Chan neue Blütezeiten des Dharma der Patriarchen in der Form des koreanischen Son und des japanischen Zen gegeben. Die überschäumende Vitalität des frühen Chan jedoch, das innerhalb weniger Generationen Dutzende von überragenden

Meistern und Hunderte von sehr beachtlichen Meistern hervorgebracht hat sowie darüber hinaus eine unüberschaubare Zahl aufrichtiger Suchender und vom »Geist des Zen« angerührter Menschen aus allen Lebensbereichen (Künstler, Intellektuelle, Staatsmänner usw.) – jene Vitalität ist seither zu keiner Zeit und in keiner Kultur wieder erreicht worden. Darum schließt diese kleine Erkundung wesentlicher Aspekte des Zen auch an diesem Punkt.

Der Abfall von der lebendigen Erfahrung

Da es, wie einleitend gesagt wurde, in diesem kleinen Buch in erster Linie darum geht, was das Zen *hier und jetzt* für einen Menschen des Westens bedeuten kann, seien im Nachspiel noch einige Bemerkungen zum Aspekt des Niedergangs und jener Missbildungen gesagt, die bei gründlicher Durchleuchtung bereits im heutigen embryonalen Stadium des Zen im Abendland sichtbar werden. Ein authentisches Zen wird im Westen nur Wurzeln schlagen und heranwachsen können, wenn man sich der Gefahr des Niedergangs und seiner Samen, die hier auf fruchtbaren Boden fallen, bewusst ist und sich vor ihnen hütet. D. T. Suzuki sagt zu diesem Thema:

> Dieser Niedergang, dieser Abfall von der lebendigen Erfahrung, ist ein Phänomen, das wir in der Geschichte der Religionen allenthalben beobachten. Am Beginn

steht immer ein schöpferisches Genie, und aus seiner Erfahrung erwächst mit der Zeit ein System. Menschen von geringerer Begabung scharen sich um ihn [oder sie], und er versucht sie anzuleiten, eben diese Erfahrung auch selbst zu machen. In einigen Fällen gelingt es ihm, in der Mehrzahl jedoch unvollkommen oder gar nicht. Die meisten von uns sind nicht originell und schöpferisch genug, und so begnügen wir uns damit, einem Führer zu folgen, der uns groß und weit überlegen erscheint. So verknöchert das System allmählich, und wenn keine neuen Lebensimpulse kommen, verblasst die ursprüngliche Erfahrung sehr schnell. In der chinesischen Geschichte des Zen, so können wir sagen, begann dieser Niedergang mit der Einführung des Kōan-Systems. …

Das Kōan stellt den Versuch dar, im Bewusstsein des Zen-Schülers auf systematische – man könnte fast sagen: künstliche – Weise etwas zu entwickeln, das die frühen Meister aus eigener Kraft in sich selbst hervorbrachten. Das Kōan beinhaltet auch die Hoffnung, mehr Menschen zur Zen-Erfahrung zu führen, als es der Meister ohne dieses Mittel könnte. So wurde das Kōan einerseits das Mittel zur Verbreitung des Zen und andererseits zur Garantie für die Echtheit der Zen-Erfahrung. Das »aristokratische« Zen wurde »demokratisch«, wurde systematisiert und in gewisser Weise mechanisiert.

Haben wir doch immer schon gesagt! – mögen die Anhänger des Sōtō-Zen, jener bedeutenden Schule des Zen, die der Kōan-Praxis eher skeptisch gegenübersteht, jetzt ausrufen. Die Caodong-(jap. Sōtō-)Schule ist eines der »Fünf Häuser des Zen« in China und neben der Linji-(jap. Rinzai-)Schule die zweite große Schule des Zen, die bis auf den heutigen Tag lebendig geblieben ist.

Die beiden Seiten der Medaille des Zen

Die Betonung eines Gegensatzes von Rinzai-Zen als Kōan-Zen und Sōtō-Zen als Shikantaza-Zen (jap. *shikantaza* = »nur treffend sitzen«) ist jedoch letztlich so wenig hilfreich wie die im Kapitel über Huineng angesprochene Unterscheidung von »plötzlich« und »allmählich«. Erinnern wir uns daran, dass Huineng, der als *der* Gründervater der »Schule der plötzlichen Erleuchtung« gilt, selbst gesagt hat: »Wer jedoch selbst den ursprünglichen Geist erkennt und das ursprüngliche Wesen erblickt, weiß, dass es keine Unterschiede gibt. Deshalb sind ›plötzlich‹ und ›allmählich‹ nur provisorische Begriffe.« Hängen wir zu sehr an solchen provisorischen Begriffen, dann verschleiern sie, dass die beiden Traditionen des Zen nur *verschiedene Aspekte* echter Zen-Übung hervorheben – Aspekte, die in der Praxis beider Schulrichtungen eine wichtige Rolle spielen und die nur in ihrer untrennbaren Einheit die beiden Seiten der Medaille des Zen ausmachen.

Beide Traditionen können sich auf den Buddha berufen: Das Rinzai-Zen kann sagen: »Das Erwachen ist *die* zentrale Erfahrung Buddhas; ohne Bodhi kein Buddha und kein Zen-Buddhismus. Deshalb ist es unerlässlich, die Entwicklung des Zen-Schülers bis zur Erfahrung eines Kenshō, Satori oder Durchbruchs zu einer Erleuchtung voranzutreiben, und sei es mit ›künstlichen‹ Hilfsmitteln wie dem Kōan. Im Grunde ist ja jede Form einer *systematischen* meditativen Schulung, wie sie im Buddhismus befürwortet wird, also auch das Shikantaza, ein künstliches Hilfsmittel. Alle weitere Entwicklung des Adepten baut dann auf der zentralen Erfahrung des Erwachens auf, die das Alpha und Omega des Buddhismus darstellt.« Das Rinzai-Zen betont damit eher den Aspekt der »relativen Wahrheit«, also dessen, was im Buddhismus *Samvriti-satya* oder konventionelle Wahrheit genannt wird. Dies ist jener Aspekt der Wahren Wirklichkeit, der in der Welt der Phänomene gültig ist, in der Welt von Raum und Zeit und damit auch der »Entwicklung« eines immer nur in der phänomenalen Welt anzutreffenden Menschen, sei er nun ein Buddha oder ein Jedermann.

Das Sōtō-Zen kann sagen: »Hat der Buddha nicht gesagt und haben nicht alle großen Meister betont, dass jeder Mensch von Anbeginn schon das Buddha-Wesen besitzt oder, präziser noch, bereits Buddha-Wesen *ist*!? Was soll also alles Streben nach Erleuchtung, wenn Erleuchtung schon immer unser Wahres Wesen ist? Wir üben demnach nicht, um irgendetwas zu erreichen, sondern manifestieren mit unserem Sitzen einfach nur das, was wir schon immer sind: die Buddha-Natur.« Damit betonen die Anhänger des Sōtō-Zen den anderen Aspekt der einen non-dualen Wahrheit, nämlich *Paramārtha-satya,* die »absolute Wahrheit«.

»Ensō«, von Tōrei Enji, Japan 1721–1792. Der Kreis ist in vielen Kulturen, nicht nur denen des Fernen Ostens, ein Symbol des Absoluten, der »Letzten Wirklichkeit«. In der Zen-Malerei / Kalligraphie gilt es als eine der größten Herausforderungen, mit einem Pinselstrich einen harmonischen, ausdrucksstarken Zen-Kreis (jap. *ensō*) zu malen. Dieser Kreis von Tōrei, einem Schüler des berühmten japanischen Meisters Hakuin Zenji, ist eines der großartigsten Beispiele für einen Ensō: Er bringt den Bewusstseinszustand eines erstaunlichen Zen-Meisters zum Ausdruck.

(Privatsammlung)

Da in der vom Zen angestrebten Erfahrung und Verwirklichung der Wahren Wirklichkeit *beide Aspekte* gleichzeitig und in eins gegeben sind – »Form als solche ist nichts anderes als Leere, Leere als solche ist nichts anderes als Form« –, haben also beide Schulen des Zen recht ... oder unrecht, wenn sie sich auf eine einseitige Anschauung versteifen. In Hinsicht auf die beiden Aspekte der Wirklichkeit sollten wir uns auf jeden Fall davor hüten, in etwas zu verfallen, was man den »Relativ-Absolut-Irrtum« nennen könnte, der in der spirituellen Szene unserer Tage (und nicht nur unserer Tage) für so viel Verwirrung und Unstimmigkeit verantwortlich ist. Dieser Irrtum besteht in der Verwechslung oder unterscheidungslosen Vermischung dieser beiden klar unterscheidbaren Aspekte (also »Anschauungen«) der Wirklichkeit. Im Buddhismus gilt Unterscheidungsvermögen nicht umsonst als eine wertvolle Eigenschaft. Wer den großen Meistern nur nachplappert, dass wir alle im Grunde bereits vollkommen sind, die Buddha-Natur sind, und jede Übung, jede meditative Schulung deshalb für überflüssig erklärt, verfällt in einen folgenschweren Irrtum. Jemand, der nur die Lösung einer Rechenaufgabe nachplappert, ohne den Lösungsweg zu kennen und nachvollziehen zu können, ist kein echter Mathematiker. Und wer Einsichten in die absolute Wahrheit nachplappert, ohne diese Dimension der Erleuchtung selbst erfahren zu haben, ist kein echter Buddhist – und schon gar kein echter Zen-Buddhist. Er oder sie mag eines Tages enttäuscht feststellen, dass die bloße *Vorstellung*, bereits ein »Buddha« zu sein, nicht den erhofften inneren Frieden eines Erwachten mit sich bringt.

Für den heutigen Zen-Übenden ist es wichtig, die Gefahren zu erkennen, die in der einseitigen Betonung einer von beiden Schulmeinungen liegen – und für seine eigene Praxis das Echte in *beiden* Traditionen auszumachen und es selbst zu verwirklichen.

Zen und das dualistische Bewusstsein des Westens

Es gibt heute im Abendland zwar bereits etliche Zen-Klöster, Hunderte von Zen-Zentren und Zigtausende (wenn nicht Hunderttausende) von »Zen-Anhängern«. Aber es scheint durchaus noch nicht entschieden zu sein, ob der Schatz des Auges des Wahren Dharma auf seinem Weg nach Osten – von Indien nach China, von China nach Korea und Japan und von Japan in den letzten Jahrzehnten nach Amerika und dann nach Europa – wirklich im Abendland ankommen und im Bewusstsein westlicher Menschen Wurzeln schlagen wird.

Die »Weitergabe des Lichts« trifft im Westen auf ihre bisher größte Herausforderung. In Ostasien, wo sich das typische Chan und Zen entwickelte, vollzog sich diese Entwicklung immerhin im Rahmen von Kulturen, in denen die spirituelle Schulung und deren moralische und ethische Fundamente – anders als im modernen Westen – zu den höchsten Werten dieser traditionellen Kulturen gehörte. Und, was noch entscheidender sein mag: Es waren Kulturen, in denen das allgemeine Bewusstsein längst nicht so dualistisch ausgeprägt war wie das »Sündenfallbewusstsein« der Kulturen des mediterranen Raums. Dieses zutiefst dualistische Bewusstsein hat – wie die Zen-Meisterin Kōun-an Chikō, die selbst aus dem Westen hervorgegangen ist und das abendländische Bewusstsein deshalb besser kannte und durchschaute als manche östliche Meister, oft betonte – eine geradezu »diabolische« (vom griechischen *dia-bállein* = »entzweien«) Tendenz, alle wohlgemeinten spirituellen Ansätze schleichend und unmerklich in ihr Gegenteil zu verkehren. Die Geschichte der christlichen Kirche (und natürlich auch anderer institutionalisierter Religionen) liefert sprechende Beispiele dafür. Und die noch junge Geschichte des Zen (und anderer östlicher Traditionen) im Westen ist heute schon von Guru-Rummel, kommerziellen Interessen, Sektenstreit und manchen Skandalen und Skandälchen überschattet.

Wenn die Gefahr besteht, dass das Zen im Westen stirbt, noch bevor es hier wirklich geboren wurde, dann mag das (unter anderen Faktoren) an zwei Tendenzen liegen – die eine westlich, die andere östlich –, die hier in aller Kürze angesprochen werden sollen. Die westliche Tendenz ist die typisch abendländische Ungeduld, der manchmal übereilte Versuch, östliche Traditionen an die moderne westliche Gesellschaft »anzupassen«. Natürlich steht außer Frage, dass der kulturelle und rituelle Überbau der spirituellen Traditionen des Ostens nicht einfach übernommen werden kann, wenn diese Traditionen im Westen zu einer *lebendigen* Tradition werden und nicht nur exotische Museumsstücke bleiben sollen. Doch in diesem Prozess der Assimilation darf der essenzielle Kern nicht verlorengehen. Die »absolute Wahrheit«, die auf dem Pfad des Zen verwirklicht werden will (auch im Rahmen dessen, was D. T. Suzuki das »demokratische Zen« nannte), ist auch ein »absoluter Herrscher«. Das heißt, dass es nicht an der Mehrheit der Mitglieder einer Gemeinschaft ist, die Wahrheit per Abstimmung festzulegen – zumal da jene »Wahrheiten«, auf die man sich in einer Demokratie durch einen Mehrheitsentscheid einigt, im Allgemeinen den kleinsten gemeinsamen Nenner darstellen, die anscheinend bequemste und am wenigsten schmerzliche Vorgehensweise. Spießigkeit und Bequemlichkeit sind jedoch der Tod aller Spiritualität, insbesondere auf dem Pfad des Zen, der unseren intensivsten Einsatz verlangt, auch wenn dieser für unser Ego unbequem sein mag.

Was die östliche Tendenz angeht, sei Japan als Beispiel angeführt. Die meisten Linien der Überlieferung des Zen, die heute im Westen aktiv sind, wurden aus Japan ins Abendland übertragen, und es gibt einen tief verwurzelten japanischen Charakterzug, der sich als problematisch für die Übertragung des Zen in den Westen erweisen könnte. Wie der unlängst verstorbene japanische Philosoph und Kulturkritiker Shuichi Katō aufgezeigt hat, sind die Wurzeln der japanischen »Volksseele« in den sozialen Strukturen der eng verbundenen Dorfgemeinschaften der kleinen, Reis anbauenden Dörfer früherer Zeiten zu finden. Diese Dörfer waren relativ isoliert und autark. Aus Gründen, auf die wir hier nicht im Einzelnen eingehen können, betrachteten die Mitglieder dieser Gemeinschaften von außen in das Dorf kommende Wesen (dazu gehörten die jährlich zu Besuch kommenden Seelen der Ahnen ebenso wie fahrende Schausteller) sowohl mit Hochachtung als auch mit Verachtung.

Gaijin, das japanische Wort für diese »von außen Kommenden«, wird heute auch für »Ausländer« verwendet, und die typische Haltung gegenüber Gaijin ist auch in der Psyche der heutigen Japaner noch oft zu beobachten. Diese Haltung kann sich im Kontext der Zen-Schulung als eine ungerechtfertigte Hochachtung für die Motivation von Ausländern manifestieren, die japanische Meister aufsuchen, um das Zen zu »studieren«. Sie kann den Blick dafür trüben, dass womöglich nicht alle diese Gaijin bereit sind, die tief gehende Prägung durch ihre eigene, dualistisch geprägte Kultur sowie eine alleinseligmachende Religion hinter sich zu lassen und ihr Ego *wirklich* »auf dem Kissen sterben« zu lassen.

Werden Schüler aus dem Westen aus dieser Hochachtung heraus verfrüht als Zen-Lehrer und Dharma-Nachfolger anerkannt, so mag dies jedoch nicht nur ein Ausdruck von Hochachtung, sondern auch der komplementären Verachtung für Gaijin sein. Ein Grad der inneren Reifung, der bei japanischen Zen-Schülern noch nicht als ausreichende Qualifikation für die Anerkennung als Erbe des »Schatzes des Auges des Wahren Dharma« angesehen wird, mag bei einem Zen-Schüler aus dem Abendland als »gut genug für den Westen« gelten. Diese östliche Tendenz existiert nicht nur in Japan. Wie der französische Schriftsteller und Zen-Lehrer Daniel Odier, der in China von einem zeitgenössischen Chan-Meister als Dharma-Nachfolger anerkannt wurde, dem Autor bestätigte, fand er diese Tendenz auch im heutigen chinesischen Chan vor. Und der Autor erfuhr bereits in den 80er-Jahren von den Leitern eines koreanischen Son-Zentrums in den USA, dass man hier Schüler, denen es schwer fiele, zur Lösung von Zen-Kōan zu gelangen, großzügig dabei helfe, die Lösung zu finden. Sind wir dessen eingedenk, dass die alten Chan-Meister der Ansicht waren, die Einsicht eines Dharma-Nachfolgers müsse die seines Meisters *übertreffen*, wenn die Linie nicht niedergehen solle, dann sensibilisiert uns das vielleicht für die Notwendigkeit, in Hinsicht auf die Dharma-Übertragung die hohen Standards des Zen der Patriarchen zu beachten, wenn authentisches Zen im Westen eine neue Blüte erleben soll.

Auch wenn die Motivation hinter solchen Tendenzen nichts als die wohlmeinende Absicht sein sollte, den Dharma zum Wohle aller Lebewesen zu verbreiten und die kostbare Überlieferung des Zen in den Westen zu übertragen, ist eine solche »Strenge« in Hinsicht auf Unterweisung und Übertragung umso wichtiger. Die bereits in den Ursprungsländern des Zen vorhandenen »Keime« des Verfalls einer spirituellen Kultur, die von den Weisen und Erleuchteten zu allen Zeiten und in allen Kulturen ausgemacht und angeprangert wurden (ganz im Gegensatz zu der Smiley-Spiritualität des New Age, die jegliche Kritik, und sei sie noch so gerechtfertigt, für »unspirituell« hält), finden zudem im Westen ein für sie besonders förderliches Klima. Einer der Parasiten, die sich als besonders gefährlich für das Überleben des noch jungen Zen-Pflänzchens auf dem Boden des Abendlandes erweisen könnten, ist das, was Kōun-an Chikō »Sekundärziele«

»Hanshan [rechts] und Shide [links]«, von Yan Hui, China ca.1260–1300. Hanshan lebte in einer Hütte auf dem »Kalten Berg« (= Hanshan) und schrieb seine Gedichte auf Felsen, Bäume und Hauswände. Shide säuberte in einem nahe gelegenen Zen-Kloster die Küche und versorgte seinen Freund mit Essensresten aus der Klosterküche. Die beiden werden in der Zen-Malerei oft gezeigt, wie sie kichernd zusammenstehen und sich über die in »orthodoxen Lehren« feststeckenden Mönche in den Klöstern mokieren.

(Nationalmuseum Tōkyō)

nannte. In dem Rahmen, in dem es erlaubt ist, im Zen überhaupt von Zielen zu sprechen (nämlich aus der Sicht der relativen Wahrheit), ist nach der berühmten Bodhidharma zugeschriebenen Definition »die Schau des eigenen Wesens und die Buddha-Werdung« *das* Ziel der Zen-Schulung.

Im Abendland besteht nun allerdings seit Anfang der »Beschäftigung« westlicher Menschen mit dem Zen die Tendenz zur Instrumentalisierung dieser sich im Wesentlichen jeder Verdinglichung entziehenden Tradition. Das Zen wird hier leicht als bloße Methode missverstanden und als Mittel zum Zweck missbraucht – im Sinne dessen, was der moderne tibetische Meister Chögyam Trungpa »spiritueller Materialismus« genannt hat. Der Zweck kann Geschäftemacherei sein, wie dies bei zahllosen Büchern, Seminaren und Workshops der Fall ist, die sogenanntes Zen als Erfolgstraining für Unternehmer, Manager, Börsenmakler, angehende Millionäre und so weiter anpreisen. Der Zweck kann therapeutischer Natur sein – Zen als Allheilmittel für Neurosen, Depressionen, Traumata, Zen als Weg zu einem »ausgeglichenen Leben«, Zen als eine Art geistiges Valium. Der Zweck können Höchstleistungen körperlicher und/oder psychischer Natur sein, wie in einigen Kampfkunstarten (die wohl eher zu Kampf*sport*arten geworden sind), wo das Zen oft eher exotische Verbrämung als tragender Grund der Praxis ist. Der Zweck mag die Vermarktung anderer »Zen-Künste« sein, die als Mittel zur gelassenen Bewältigung des Alltags in stressgeplagter Zeit durch konzentrative Schulung angepriesen werden. Der Zweck kann der Aufbau und das Hätscheln eines spirituellen Egos sein – des Glaubens, ein ganz besonders spiritueller, heiliger, anderen überlegener Mensch zu sein. Der Zweck kann der Versuch sein, eine malade Institution wie etwa die christliche Kirche für ihre Schäfchen wieder attraktiv zu machen, indem man in ihrem Rahmen vom Zen entlehnte »Meditationstechniken« anbietet.

Der Zweck kann auf der Grundlage überaus edler, erhabener, geradezu heroischer Motive formuliert werden, gegen die im Grunde niemand etwas einzuwenden hat: die Rettung der Welt, der Kampf für die Umwelt, der Einsatz für soziale Gerechtigkeit, das Engagement gegen materielles Elend oder für von der Gesellschaft Benachteiligte und Diskriminierte.

So gibt es denn heute Business-Zen, Therapie-Zen, Krieger-Zen, Wellness-Zen, »christliches Zen«, sozial engagiertes Zen, Ökologie-Zen, feministisches Zen, Schwulen-Zen, Lesben-Zen, psychologisiertes Zen, Dies-und-das-Zen und alle möglichen »Zen-Künste«. Nur das »Zen in der Kunst des Nasebohrens« hat bisher noch niemand propagiert.

Und wie steht es um das Zen der Patriarchen? Ist es für »Menschen unserer Zeit« zu wenig attraktiv? Linji sagte einst über die Atmosphäre, die im Kloster seines Meisters Huangbo herrschte: »Überall sonst werden die Toten verbrannt, hier aber werden sie lebendig begraben.« Aber der Satz »Hier wird Ihnen alles genommen, was Ihnen lieb und teuer ist!« ist kein Werbeslogan, mit dem man westliche Wohlstandsbürger hinter dem Ofen ihrer Versicherungspolicen hervorlocken kann. Also sehen die Angebote mancher westlicher Zen-Klöster und Zen-Zentren

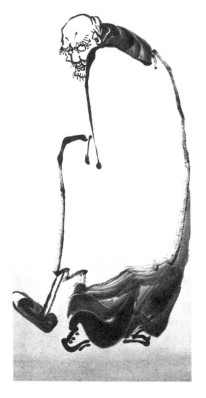

»Rinzai« [chin. Linji], von Suiō Genro, Japan 1717–1789. Linji mit Hacke erinnert an eine im *Linji-lu* (IV.4) berichtete Szene, die Linji in einem »Dharma-Gefecht« mit seinem Meister Huangbo während der Feldarbeit zeigt, in dessen Verlauf Linji seinen ehrwürdigen Meister zu Boden stößt. Die Begebenheit endet mit dem berühmten Spruch von Linji: »Überall sonst werden die Toten verbrannt, hier aber werden sie lebendig begraben.«
(New Orleans Museum of Art)

aus wie das Programm eines spirituellen Club Mediterranée. »Arbeiten« will in seinem Zen-Urlaub sowieso niemand, und für all jene, denen es zu langweilig ist, ständig nur meditierend herumzusitzen, bietet man Abwechslung und Unterhaltung: vom »meditativen Wandern« bis zum Zen-Bogenschießen. Für jene, denen ihre Wellness wichtiger ist, als auf dem Kissen zu sterben, bietet man ein therapeutisches Begleitprogramm von Shiatsu über Makrobiotik bis NLP. Und für diejenigen, die noch nicht genug Ideen, Vorstellungen, Konzepte, Ideologien im Kopf haben, gibt es Vorträge, Diskussionsgruppen und Meinungsaustausch – die Möglichkeiten, das endlose Geschwätz *über* Zen hinterher im Internet fortzusetzen, nicht zu vergessen!

Nein, nein! An all diesen Aktivitäten ist natürlich nichts auszusetzen. Von einem (selbst verwirklichten) absoluten Standpunkt aus gesehen, sind sie tatsächlich nichts anderes als eine vollkommene Manifestation des Buddha-Wesens. Und kein Bodhisattva, ob er nun einen Zen-Weg oder einen anderen spirituellen Weg geht, wird menschliches Leid mit ansehen, ohne sein Möglichstes zu tun, dieses zu lindern. Doch nur auf der Grundlage authentischen Erwachens kann es authentisches Bodhisattva-Wirken, also das Wirken eines »Erleuchtungswesens« geben. War es nicht Buddha, der Erwachte, selbst, der sich als der junge Siddhārtha aufmachte, das menschliche Leiden zu überwinden, und hat er nicht durch sein eigenes Beispiel gezeigt, dass dieses Leiden *letztlich* nur durch das Erwachen zu überwinden ist? Problematisch werden alle Sekundärziele deshalb nur, wenn sie sich in den Vordergrund schieben und uns unmerklich wichtiger werden als das primäre Ziel des Zen und jeder Form von Buddhismus: das Erwachen.

Problematisch, weil, wie wir gesehen haben, die Verwirklichung dieses Erwachens sehr viel von einem Menschen verlangt. Das Engagement für eine »gute Sache« kann so zu einem der geschicktesten Schachzüge unseres gefährlichsten Gegners – unserer selbst – werden und uns erlauben, dem letzten, dem entscheidenden Opfer (nämlich unserer selbst) aus dem Weg zu gehen, weil wir doch meinen, schon längst ein sooo spirituelles Leben zu führen.

Die Radikalität des Zen

Wie Shākyamuni, der Suchende, selbst erkennen musste: Will man das Leiden *wirklich* überwinden – das eigene Leiden und das aller Lebewesen –, dann sind im wahren Sinn des Wortes *radikale* Maßnahmen notwendig, also solche, die an die Wurzel des Leidens gehen und diese abschneiden. Wie es der Buddha bereits in den Vier Edlen Wahrheiten, in seiner ersten grundlegenden Unterweisung nach seinem Großen Erwachen, formulierte: Die Wurzel und der tiefste Grund des Leidens sind das aus einer dualistischen Welterfahrung entstehende Anhaften und Begehren. Und wie er ebenfalls versicherte, gibt es einen Weg zur Überwindung des Begehrens und des daraus resultierenden Leidens – den Edlen Achtfachen Pfad.

Die Vier Edlen Wahrheiten Buddhas

1. Alles Dasein ist leidvoll und unbefriedigend. Alles ist Leiden: Geburt, Krankheit, Tod, Vereinigung mit dem, was man nicht liebt, das Nichterlangen dessen, was man liebt, und die Fünf Gruppen des Anhaftens *(skandhas)*, die die Persönlichkeit bilden.
2. Die Ursache des Leidens ist das Begehren, der Durst nach Sinnenlust, Werden und Vergehen. Dieser Durst bindet die Wesen an den Daseinskreislauf.
3. Dem Leiden kann durch die restlose Aufhebung des Begehrens, der Ursache des Leidens, ein Ende gesetzt werden.
4. Das Mittel zur Beseitigung der Ursache des Leidens ist der Edle Achtfache Pfad.

Der Edle Achtfache Pfad

1. Rechte Erkenntnis
2. Rechter Entschluss
3. Rechte Rede
4. Rechtes Handeln
5. Rechter Lebenserwerb
6. Rechte Bemühung
7. Rechte Achtsamkeit
8. Rechte Versenkung

Die »rechte Versenkung«, die zentrale Übung des Chan und Zen, ist die achte Stufe, die Spitze, die *Ultima ratio* des Edlen Achtfachen Pfades. Allerdings kann diese Spitze der Pyramide des Achtfachen Pfades – auch das ist dringend zu betonen, da es gerade im Westen leicht übersehen wird – nicht ohne den tragenden Unterbau der intellektuellen, moralischen und ethischen Vervollkommnung durch die sieben anderen Dimensionen des Achtfachen Pfads verwirklicht und authentisch gelebt werden. Darüber hinaus bleibt schließlich, was der Buddha ebenfalls bereits betonte: Jede »spirituelle Methode« ist nur ein Floß, mit dem wir ans »andere Ufer« übersetzen können. Dort angelangt, müssen wir auch dieses Hilfsmittel noch zurücklassen. Wollten wir das Floß, das seinen Zweck erfüllt hat (und damit jede Religion mit ihren Dogmen und Methoden), auf dem Weg in die Berge noch weiter mit uns herumschleppen, dann würde es uns letztlich doch noch zur Behinderung und Einschränkung der Großen Freiheit.

Guoan Shiyuan, ein Chan-Meister des 12. Jahrhunderts, illustrierte die verschiedenen Stadien des Zen-Weges mit den berühmt gewordenen »Zehn Büffelbildern«, einer Abfolge von Gemälden, in denen ein Suchender sich auf die Suche nach seinem *vermeintlich* verlorengegangenen Büffel – seinem Wahren Wesen – macht. Nachdem der Büffel aufgespürt, eingefangen und gezähmt ist und der Suchende auf ihm »nach Hause« geritten ist, heißt es im Kommentar von Gouan zum 8. Büffelbild (»Büffel und Mensch sind vergessen«) in der Übersetzung von Brigitte D'Ortschy (Kōun-an Chikō Daishi):

Aller Verblendung ist er ledig, und auch alle Vorstellungen von Heiligkeit sind verschwunden. Nicht länger mehr braucht er »In Buddha« zu verweilen, und schnell geht er durch »Nicht-Buddha« hindurch weiter.

Und im Kommentar zum 10. Büffelbild (»Betreten des Marktes mit offenen Händen«), das für das letzte Stadium eines langen »Weges« steht (dessen einzelne Stadien sich doch alle im ewigen Jetzt manifestieren), für die nahtlose Integration von Erleuchtung und Alltag, heißt es:

Die Tür seiner Hütte ist verschlossen, und selbst der Weiseste kann ihn nicht ausfindig machen. Die Gefilde seines Inneren sind tief verborgen. Er geht seinen Weg und folgt nicht den Schritten früherer Weiser. Er kommt mit der Kürbisflasche [Weinflasche] auf den Markt und kehrt mit seinem Stab in die Hütte zurück. Schankwirte und Fischhändler führt er auf den Weg, ein Buddha zu werden.

Mit der Transzendierung aller Vorstellungen von Heiligkeit und der Verwirklichung einer unfassbar tiefgründigen »Gewöhnlichkeit« jenseits aller Vorstellungen von der einem Weisen und Zen-Meister geziemenden Lebensweise schließt sich der Weg des Zen der Patriarchen, auf den bereits Bodhidharma mit seinem »Offene Weite – nichts von heilig« hinwies, zu einem Kreis ohne Anfang und Ende.

Das 10. der »Zehn Büffelbilder« aus einem Shūbun, Japan 15. Jh., zugeschriebenen Bildzyklus zu diesem Thema. Der Erleuchtete, der »den Markt mit offenen Händen betritt«, ist hier dargestellt wie der Glücksgott Hotei (chin. Budai), der freigebig Gaben aus seinem großen Sack verteilt. Die Gestalt, die ihm auf dem Weg zum Markt begegnet, erinnert an den Suchenden, der sich im 1.Büffelbild aufmacht, nach dem »Büffel«, seinem eigenen Wahren Wesen, zu suchen. Dies legt die Vermutung nahe, dass mit dieser Begegnung eine neue Inszenierung der Dorfkomödie des alten Shākya beginnt ...

(Shōkoku-ji, Kyōto)

Wie also steht es im Westen um das Zen der Patriarchen, das »echte Zen«? Die westliche Zen-Meisterin Kōun-an Chikō sagte einmal sinngemäß: Es gibt kein »echtes« im Gegensatz zu einem »falschen« Zen, so wenig wie es »falschen« und »echten« Quark gibt. Quark ist echter Quark, und Käse ist echter Käse und kein »falscher Quark« – und manch einer mag halt Käse lieber als Quark. Genauso ist eine Praxis entweder »echtes Zen«, das Zen der Patriarchen, oder sie ist irgendetwas anderes (Konzentrationstraining, Entspannung, Therapie, Wellness, psychologische Selbsthilfe, Egotrip usw.) – aber eben nicht *Zen*. Noch einmal der Sechste Patriarch:

Es gibt nichts, das zu übermitteln wäre. Es kommt nur auf die Einsicht in das eigene Wesen an.

Über Essen zu reden, macht euch nicht satt;
Von Kleidung zu schwätzen, schützt nicht vor Kälte.
Zum Sattessen braucht es schon eine Mahlzeit,
Nur in Kleider gehüllt, entgeht man dem Frost.
Ihr könnt euch nicht vom Prüfen und Bedenken lösen,
Behauptet nur, dem Buddha nachzufolgen sei unmöglich.
Kehrt den Blick ins Herz, und alsbald seid ihr Buddha –
Im Außen findet ihr ihn nie!

Hanshan, »Gedichte vom Kalten Berg«

Anhang

Quellentexte und zitierte Literatur

Aitken, Robert: *The Gateless Barrier* [*Wumenguan*], Berkeley, California (North Point Press) 1991.

Bi-Yan-Lu. Meister Yüan-wu's Niederschrift von der Smaragdenen Felswand, aus dem Chinesischen übers. v. Wilhelm Gundert, München (Hanser) 1964.

Bi-Yan-Lu. Aufzeichnungen vor smaragdener Felswand, aus dem Chinesischen übers. u. komment. v. Dietrich Roloff, Oberstdorf (Windpferd) 2013.

Book of Serenity [*Congronglu*], aus dem Chinesischen übers. v. Thomas Cleary, Hudson, NY (Lindisfarne Press) 1980.

Chang, Chung-yuan: *ZEN. Die Lehre der großen Meister nach der klassischen »Aufzeichnung von der Weitergabe der Leuchte«* [*Jingde chuandenglu*], Frankfurt a.M. (W. Krüger) 2000.

Cong-Rong-Lu. Aufzeichnungen aus der Klause der Gelassenheit. Die 100 Kōan des Shōyōroku, aus dem Chinesischen übers. u. komment. v. Dietrich Roloff, Oberstdorf (Windpferd) 2008.

Conze, Edward: *Buddhist Wisdom Books. The Diamond and the Heart Sutra*, London u. a. (Unwin Paperbacks) 1988.

Cultivating the Empty Field. The Silent Illumination of Zen

Master Hongzhi, aus dem Chinesischen übers. v. Taigen Daniel Leighton mit Yi Wu, San Francisco (North Point Press) 1991.

Das Denken ist ein wilder Affe. Aufzeichnungen der Lehren und Unterweisungen des großen Zen-Meisters Linji Yixuan [*Linji-lu*], aus dem Chinesischen übers. v. Ursula Jarand, mit Erläuterungen v. Soko Morinaga Rōshi, Bern u. a. (O.W. Barth) 1996.

Das Lexikon des Zen, verfasst und hrsg. v. Michael S. Diener (alias Stephan Schuhmacher). Bern u. a. (O.W. Barth) 1992.

Dumoulin, Heinrich: *Geschichte des Zen-Buddhismus, Bd. I: Indien und China*, Bern und München (Francke) 1985.

Entretiens de Lin-Tsi [*Linji-lu*], aus dem Chinesischen übers. u. komment. v. Paul Demiéville, Paris (Fayard) 1972.

Ferguson, Andrew: *Zen's Chinese Heritage*, Boston (Wisdom Publications) 2000.

Fung, Yu-lan: *A History of Chinese Philosophy, Bd. II: The Period of Classical Learning*, Princeton (Princeton University Press) 1983.

Gateless Gate [*Wumenguan*]. *Newly translated with commentary by Zen Master Kōun Yamada*, Los Angeles (Center Publications) 1979.

Hanshan: *Gedichte vom Kalten Berg* [*Hanshan shi*], aus dem Chinesischen übers. u. komment. v. Stephan Schuhmacher; Emmendingen (Arbor) 2001.

Huang-po [Huangbo]: *Der Geist des Zen* [*Yunzhou Huangbo Duanji chanshi yulu*], aus dem Englischen übers. von Ursula Mangold; Frankfurt a.M. (Fischer Taschenbuch) 1997.

Hui-neng [Huineng]: *Das Sutra des Sechsten Patriarchen* [*Liuzu dashi fabao tanjing*], aus dem Chinesischen übers. v. Ursula Jarand, mit Kommentaren von Soko Morinaga Rōshi, Bern u. a. (O.W. Barth) 1989.

Laotse [Laozi]: *Tao te king* [*Daodejing*]: *Das Buch vom Sinn und Leben*, übersetzt und mit einem Kommentar von Richard Wilhelm, Düsseldorf, Köln (Eugen Diederichs Verlag) 1978.

Lao Tzu [Laozi]: *Tao Te Ching* [*Daodejing*]: *The Classic Book of Integrity and the Way*, übers. u. komment. v. Victor H. Mair, New York (Bantam Books) 1990.

Les Entretiens de Mazu, Maître chan du VIIIe siècle, aus dem Chinesischen übers. u. mit Einführung und Anmerkungen v. Catherine Despeux, Paris (Les Deux Océans) 1980.

Lexikon der östlichen Weisheitslehren, hrsg. v. Stephan Schuhmacher und Gert Woerner, Bern u. a. (O.W. Barth) 1986.

Mumonkan [Wumenguan]. Die Schranke ohne Tor, aus dem Chinesischen übers. v. Heinrich Dumoulin, Mainz (Grünewald) 1975.

Sayings and Doings of Pai-chang, Ch'an Master of Great Wisdom [*Baizhang-shan dazi chanshi yulu*], Los Angeles (Center Publications) ohne Jahr.

Schumann, Hans Wolfgang: *Der historische Buddha*, Köln (Diederichs) 1982.

Sekida, Katsuki: *Two Zen Classics. Mumonkan and Hekiganroku*, New York (Weatherhill) 1977.

Seng-ts'an [Sengcan]: *Die Meißelschrift vom Glauben an den Geist* [*Xinxinming*], aus dem Chinesischen übers. v. Ursula Jarand, Bern u. a. (O.W. Barth) 1991.

Senzaki, Nyogen: *The Iron Flute. 100 Zen Kōans with commentary by Genrō, Fūgai and Nyogen*, übers. v. Nyogen Senzaki und Ruth Strout McCandless, Boston u. a. (Tuttle) 2000.

Suzuki, Daisetz T.: *Koan. Der Sprung ins Grenzenlose*, übers. von Jochen Eggert, Bern u. a. (O.W. Barth) 1988.

The Blue Cliff Record [*Biyanlu*], aus dem Chinesischen übersetzt von Thomas und J. C. Cleary, Boulder, Colorado (Prajñā Press) 1978.

The Diamond Sutra and The Sutra of Hui Neng, übers. v. A. F. Price und Wong Mou-Lam, Berkeley, California (Shambhala) 1969.

The Platform Sutra of the Sixth Patriarch [*Liuzu dashi fabao tanjing*], übers. v. Philip B. Yampolsky, New York (Columbia University Press) 1967.

The Record of Transmitting the Light [*Denkōroku*], übers. v. Francis H. Cook, Los Angeles (Center Publications) 1991.

The Recorded Sayings of Ch'an Master Lin-chi Hui-chao of Chen Prefecture [*Linji-lu*], Kyoto (The Institute For Zen Studies) 1975.

The Recorded Sayings of Layman P'ang [*Pang jushi yulu*]: *A Ninth-Century Zen Classic*, aus dem Chinesischen übers. v. Ruth Fuller Sasaki, Yoshitaka Iriya und Dana R. Fraser, New York (Weatherhill) 1971.

The Recorded Sayings of Zen Master Joshu [*Zhaozhou chanshi yulu*], aus dem Chinesischen übers. v. James Green, New Haven (Yale University Press) 2011.

The Record of Tung-shan [*Dongshan Wuben chanshi yulu*], aus dem Chinesischen übers. v. William F. Powell, Honolulu (University of Hawaii Press) 1986.

The Sutra of Hui-neng, Grand Master of Zen. With Hui-neng's commentary on the Diamond Sutra, aus dem Chinesischen übers, v. Thomas Cleary, Boston (Shambhala) 1998.

Transmission of Light (Denkōroku), übers. v. Thomas Cleary, San Francisco (North Point Press) 1990.

Wumen Huikai, Meister: *Die torlose Schranke des Zen* [*Wumenguan*], aus dem Chinesischen übers. v. Dietrich Roloff, Frankfurt a.M. (Fischer Taschenbuch) 1999.

Yunmen, Meister: *Zen-Worte vom Wolkentor-Berg* [*Yunmen guanglu*], aus dem Chinesischen übers. v. Urs App, Bern u. a. (O.W. Barth) 1994.

Zen Letters. Teachings of Yuanwu, aus dem Chinesischen übers. v. J.C. Cleary und Thomas Cleary, Boston (Shambhala) 1994.

Wang Wei: *Jenseits der weißen Wolken: Die Gedichte des Weisen vom Südgebirge*, aus dem Chinesischen übers. u. komment. v. Stephan Schuhmacher. München (Deutscher Taschenbuch Verlag) 2009.

Zhuangzi – Das klassische Buch daoistischer Weisheit, hrsg. u. kommentiert v. Victor H. Mair, dt. Übers. v. Stephan Schuhmacher. Frankfurt a.M. (W. Krüger) 1998.

Kontaktadressen

Für jemanden, der selbst Zen praktizieren möchte, ist die Suche nach einem authentischen Meister des Zen der Patriarchen oft bereits die erste Prüfung auf dem Weg. Sie erweist, ob ein Suchender das Wertgefühl besitzt, das eine unerlässliche Voraussetzung für das Finden des Schatzes ist. Wie bei der Beurteilung eines Kunstwerks gibt es auch bei der eines Meisters oder einer Gemeinschaft kaum »objektive« Maßstäbe – wir sind im Wesentlichen auf unsere Fähigkeit zurückgeworfen, das Echte, das Authentische, unmittelbar und unbeirrt durch die Meinungen und Vorlieben anderer zu erkennen. Schon Laozi sagte: »Der Berufene geht im härenen Gewand, aber im Busen birgt er ein Juwel.« Die Größe eines Klosters oder Zentrums, das fernöstliche Flair des Zeremoniells und die Lautstärke, mit der »Meister« und Zentren sich auf dem heutigen Markt der Esoterik anbieten, stehen nicht selten in umgekehrt proportionalem Verhältnis zur Authentizität der vermittelten Inhalte und der Tiefe der Zen-Erfahrung der »Zen-Lehrer«.

Folgende Kontaktadressen können bei der Suche nach einem Zen-Meister bzw. einer Zen-Gruppe hilfreich sein:

- Deutschland: Deutsche Buddhistische Union (DBU)
  Geschäftsstelle Amalienstr. 71, D-80 799 München
  Tel.: +49–89–45 20 69 3–0
  E-Mail: dbu@dharma.de
  http://www.buddhismus-deutschland.de

- Österreich: Österreichische Buddhistische Religionsgesellschaft (ÖBR)
  Fleischmarkt 16, A-1010 Wien
  Tel.: +43–1–51 23 71 9
  E-Mail: info@buddhismus-austria.org
  http://www.buddhismus-austria.at

- Schweiz: Schweizerische Buddhistische Union (SBU),
  http://www.sbu.net

Im Internet finden sich Listen von Zen-Zentren im deutschen Sprachraum (auch solchen, die nicht den oben genannten Organisationen angehören) unter:

- http://www.zenforum.de/zen-adressen/aktuelle-adressenliste

- http://www.zen-guide.de/zen/zentren/

Bildnachweis

S. 5: Fūgai Ekun / Murray Smith Collection

S. 17: Daigu Ryōkan / Akiyama Jun'ichi, Fujiwara

S. 29: Liang Kai / Bunkachō [Amt für kulturelle Angelenheiten], Tōkyō

S. 47: Kenkō Shōkei / Nanzen-ji, Kyōto

S. 53: Huizong / Konchi-in, Kyōto

S. 57: Konoe Nobutada / Privatsammlung

S. 64: Sesshū Tōyō / Bunkachō [Amt für kulturelle Angelenheiten], Tōkyō

S. 74: Josetsu / Ryōsoku-in, Kyōto

S. 85: Ishan Ining / Sammlung Nakamura Yōichirō, Tōkyō

S. 98: Liang Kai / Nezu Museum, Tōkyō

S. 103: Musō Sōseki / Sammlung Tsukamoto Tetsuji, Tōkyō

S. 117: Shunsō Shōjū / Privatsammlung

S. 125: Sengai Gibon / Idemitsu Museum, Tōkyō

S. 130: Nantembō Tōjū / Museum für Ostasiatische Kunst, Berlin / bpk / Jürgen Liepe

S. 137: Shike / Nationalmuseum Tōkyō

S. 148: Nantembō Tōjū / Sammlung Manyō-an

S. 153: Gesshū Sōko / L. Wright Collection

S. 160: Dankei Shinryō / Sammlung Kitamura Matazaemon, Kyōto

S. 170: Sengai Gibon / Idemitsu Museum, Tōkyō

S. 180: Tōrei Enji / Privatsammlung

S. 187: Yan Hui / Nationalmuseum Tōkyō

S. 191: Suiō Genro / New Orleans Museum of Art

S. 196: Shūbun / Shōkoku-ji, Kyōto

So gelingt Abgrenzung

Klappenbroschur | 208 Seiten
ISBN 978-3-466-30998-6

Erfolgreiche Abgrenzung will geübt sein, und dafür bietet dieses Buch konkrete Methoden, die funktionieren: auf gedanklicher, kommunikativer, körperlicher und besonders auf energetischer Ebene. Mit Test zur Selbsteinschätzung und vielen Praxisanregungen.

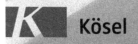 Kösel   www.koesel.de